NOUVEAU PARALLÈLE

DES

ORDRES D'ARCHITECTURE

DES GRECS, DES ROMAINS

ET DES AUTEURS MODERNES

DESSINÉ ET GRAVÉ

PAR CHARLES NORMAND, ARCHITECTE,

ANCIEN PENSIONNAIRE DE L'ACADÉMIE DE FRANCE A ROME,

Auteur du RECUEIL VARIÉ DE PLANS ET DE FAÇADES, du VIGNOLE DES OUVRIERS; du GUIDE DE L'ORNEMANISTE
et du VIGNOLE DES ARCHITECTES.

A PARIS

CHEZ NORMAND AÎNÉ, RUE DES GRANDS-AUGUSTINS, 5;
CARILIAN, GOEURY ET DALMONT, QUAI DES AUGUSTINS, 49.

1852.

PARIS. — IMPRIMERIE DE PILLET FILS AINÉ,
Rue des Grands-Augustins, 5.

NOTICE

SUR LA VIE ET LES OUVRAGES

DE

CHARLES-PIERRE-JOSEPH NORMAND

ARCHITECTE, DESSINATEUR ET GRAVEUR,

Ancien pensionnaire de l'Académie française à Rome.

Les hommes qui se sont le plus distingués dans les sciences, la littérature et les arts, sont ceux que des dispositions naturelles, développées par un concours de circonstances favorables, semblent avoir prédestinés à la gloire d'exceller dans une des branches des connaissances humaines. Plusieurs philosophes ont nié ces vocations en quelque sorte instinctives; l'exposé de la vie et des travaux de l'artiste sur lequel nous allons un instant appeler l'attention en ne faisant que rappeler nos souvenirs, ajoutera encore un exemple aux faits nombreux qui contredisent l'opinion de ces écrivains.

CHARLES-PIERRE-JOSEPH NORMAND naquit à Goyencourt, près Roye, département de la Somme, le 25 novembre 1764, de cultivateurs modestes et peu favorisés de la fortune. Un chanoine de la collégiale voisine dirigea sa première éducation jusqu'en 1773, année où désireux de faire donner à son fils autant d'instruction que le lui permettaient ses moyens, son père l'envoya à Paris au collége de Montaigu. Dans plus d'une occasion, le jeune Charles Normand avait manifesté son goût pour le dessin; cette tendance n'était pas, comme on le verra, l'instinct qui porte les enfants à imiter tout ce qui les frappe, c'était l'expression du sentiment des arts dont la nature l'avait doué. Arrivé à Paris, où tout ce qui se présentait à sa vue excitait son admiration, sa vocation ne fut pas un moment douteuse; au lieu de donner son attention aux leçons des professeurs qui lui enseignaient les langues anciennes, il couvrait de dessins les marges de ses cahiers de thèmes et de versions. Le principal du collége s'en plaignit à l'oncle chargé à Paris de lui tenir lieu de père; malgré les réprimandes, les croquades garnissaient toujours les feuilles et papiers d'étude. Enfin, un jour de Saint-Louis, Charles Normand ayant acheté pour deux sous une façade d'église à l'un de ces marchands d'estampes qui, ce jour-là, avaient le privilége d'étaler leur marchandise dans les Tuileries, il prit tant de plaisir à la copier, et la reproduction qu'il en fit fut si exacte, que de ce jour il put donner un libre essor à son amour pour les arts, car le supérieur de Montaigu, émerveillé de l'intelligence qu'annonçait cette copie faite par un enfant qui n'avait encore reçu aucune leçon de dessin, obtint des parents du jeune néophyte qu'il suivrait les cours de l'école gratuite de dessin récemment créée. Charles Normand fut présenté à l'un des fondateurs de cet utile établissement, M. le vicomte d'Hautfort, qui l'accueillit avec bienveillance et le recommanda à M. Bachelier, peintre et directeur de l'école. Lorsqu'il fut question de décider à quelle profession se destinerait le jeune Normand, afin de diriger ses études en conséquence, il y eut un moment d'incertitude : la peinture, la sculpture, l'architecture, le décor avaient pour lui un même attrait. La copie de la façade d'église lui revint alors en mémoire, il la montra à M. Bachelier, qui le détermina à se prononcer pour l'architecture. Au lieu d'avoir à copier des figures, des animaux, des ornements, ou tout autre de ces objets qui ordinairement récréaient sa vue, il lui fallut tracer jusqu'à satiété des figures de géométrie. Il se disait parfois : « Que n'ai-je acheté pour mes deux sous une image de saint ou un ornement? l'on m'eût destiné à la peinture ou à la sculpture; je n'aurais pas aujourd'hui à supporter l'ennui que me coûtent les préliminaires de l'architecture! » Mais les premières difficultés vaincues, l'élève marcha d'un pas rapide, et les nombreux prix trimestriels qu'il remporta en 1780, 1781 et 1782, témoignent de son aptitude et de ses progrès. Ce fut dans cette dernière année (1782), qu'il obtint le grand prix annuel d'architecture de l'école, prix qui couronnait et complétait ses études préparatoires. Au sortir de l'école gratuite, Charles Normand dut chercher à se perfectionner par un enseignement plus élevé. Il se mit d'abord sous la direction de M. Thierry, son professeur à l'école gratuite; puis de l'atelier de cet architecte il passa dans celui de M. Gisors, ancien pensionnaire de l'Académie de

France à Rome. Sous les auspices de cet habile artiste, Charles Normand se fortifia dans la composition, cette partie de l'art qui, à elle seule, peut constituer l'homme supérieur : son goût s'épura, et bientôt il fut assez fort pour prendre rang parmi les quarante élèves de l'académie d'architecture. Ce fut sous les auspices de M. Antoine, architecte de l'Hôtel des Monnaies, que Charles Normand se présenta à l'académie. Là il se distingua dans les concours auxquels il prit part. En 1790 et 1791, deux médailles lui furent décernées, l'une pour un projet de halle, l'autre pour un phare en forme de colonne rostrale; la même année il obtint le second grand prix au concours spécial dont le programme était une *Galerie pour un palais de souverain*. On admire généralement dans son projet le grandiose de la composition, la perfection du rendu, l'exactitude et la pureté du dessin, qualités rares alors : enfin, le 3 septembre 1792, il remporta le grand prix pour un *Projet de Marché public*. (Tous ces projets ont été gravés dans le Recueil des grands prix d'architecture couronnés par l'Académie, publié par Détournel.)

Rien n'aurait manqué à la félicité de Charles Normand, si, comme les lauréats ses prédécesseurs, il avait pu profiter des avantages d'un séjour de cinq ans à Rome aux frais du gouvernement. Mais les événements qui bouleversèrent alors l'ordre social en France ayant fait prendre en horreur le nom français à Rome, où des menées révolutionnaires avaient été tentées par l'instigation du conventionnel Anacharsis Clootz, l'École française des beaux-arts fut assaillie par le peuple; ses membres furent dispersés et obligés de fuir les poignards dirigés contre eux. Frustré ainsi de la récompense promise à ses veilles, et de l'espérance de connaître autrement que par les descriptions et les dessins d'autrui les monuments des arts qui rendent le séjour de l'Italie si délicieux aux artistes; obligé en outre, par cette circonstance, d'interrompre brusquement et peut-être pour toujours, se disait-il, le cours de ses études, afin de se créer un moyen prompt et efficace de satisfaire aux besoins de la vie, Charles Normand se sentit un moment absolument découragé. Il se voyait sans présent comme sans avenir, car à cette époque d'impitoyables démolisseurs rasaient les plus belles créations de l'architecture nationale, et l'on n'élevait guère de bâtisses propres à mettre en lumière les talents d'un artiste encore à son début; d'ailleurs, alors comme toujours, sans capitaux, aucune spéculation architecturale n'était possible.

Telle était la situation de Charles Normand lorsqu'un *ci-devant* (c'est ainsi qu'on qualifiait les nobles), faillit causer sa perte en voulant le servir; les attentions du protecteur attirèrent sur le protégé les regards des envieux, et bientôt il fallut que l'artiste allât chercher à Melun un refuge contre les mauvaises passions. Là, Charles Normand exécuta quelques travaux architectoniques, mais de trop peu d'importance pour pouvoir être cités. A plusieurs reprises, il avait essayé, par délassement, de graver au trait, à l'eau forte, quelques sujets d'architecture et d'ornement. Satisfait de plusieurs, et pensant qu'un jour ce genre pourrait lui servir d'auxiliaire pour mettre au jour ses pensées et le fruit de ses études, il tenta en 1801 de le mettre en faveur. Il débuta par un recueil d'ornements qu'édita le marchand d'estampes Joubert. Les amis des arts applaudirent à cette publication, qui décélait à la fois dans son auteur un homme de goût et de savoir. Dès ce moment, Charles Normand devenu le promoteur, nous pourrions dire le créateur d'un genre de gravure éminemment favorable à la reproduction des œuvres d'art qui ont la forme pour partie essentielle, fut l'âme d'une foule de publications importantes qui surgirent à la fois et se succédèrent comme par enchantement. Parmi les grands ouvrages de l'époque, qui lui durent en partie leur succès, nous citerons le *Parallèle d'architecture*, de Durand, les *Leçons d'architecture* de ce professeur à l'école Polytechnique; les *Annales du Musée*, rédigées par Landon; l'édition française des *Antiquités d'Athènes* de Stuart et Revitt, ouvrage dont la plus grande partie des planches est gravée par lui. Ce fut alors que MM. Percier et Fontaine, par le même procédé de gravure, reproduisirent et publièrent une collection de dessins levés par eux en Italie, et leur recueil des meubles et décorations. Ces habiles artistes, empêchés par leurs nombreux travaux de terminer la publication de ces ouvrages, et devant confier à un autre le soin de les achever, donnèrent à Charles Normand un témoignage bien flatteur d'estime et de confiance en le choisissant pour interprète de leurs pensées, c'est-à-dire pour traduire et mettre en lumière les matériaux, esquissés à la hâte et restés pour eux à l'état de souvenirs, avec lesquels ils se proposaient de compléter leur travail. Dans cette circonstance comme dans tant d'autres, Charles Normand fut à la hauteur de l'entreprise, et MM. Percier et Fontaine n'eurent qu'à se louer de la manière dont leurs pensées avaient été comprises et exprimées.

Laborieux autant que modeste, Charles Normand eut part à tous les travaux de gravure, d'architecture, de sculpture et de peinture de l'époque : son œuvre de 1802 à 1815 ne se compose pas de moins de sept mille planches au trait, et d'autant peut-être de dessins de son invention, exécutés à la plume, soit pour les gravures sur les métaux, soit pour les gravures sur pierre et sur bois, soit pour les orfévres, etc., etc.

La typographie française doit à Charles Normand, d'avoir, la première, enrichi ses éditions d'ornements de bon goût. C'est sur les dessins que le fondeur Gillé, dès 1802, faisait exécuter par Besnard, Duplat, Bougon, et autres, ces encadrements, vignettes, fleurons qui donnèrent le premier élan et amenèrent, à l'aide du graveur Thompson, nos éditions illustrées, aujourd'hui l'admiration de l'Europe. C'est encore sur les dessins composés par lui, que les graveurs de médailles, Andrieux et Galle, exécutèrent les deux billets de la Banque de France, et que Cornouailles grava ceux des banques de Rouen et de Bordeaux.

Lorsque sous l'Empire il fut question de changer les patrons des cartes à jouer, dites républicaines, que Duplat, d'après les dessins de Dugour, avait gravées sur bois, Charles Normand prit part aux essais qui furent tentés; d'abord il traça, d'après les dessins de David et de madame Mongez son élève, les cartes que le graveur Andrieux exécuta sur acier, en 1809. Ces cartes furent trouvées maigres de composition, et les joueurs ne reconnaissaient plus le roi de trèfle *Alexandre* sous le costume romain; *Argine* en dame romaine; *Lancelot* le casque en tête et le bouclier au bras; le roi de cœur *Charlemagne* revêtu du costume gaulois. Cette tentative malheureuse coûta plus de 40,000 francs. En 1811, Charles Normand fut appelé en deuxième lieu à mettre la main à l'œuvre. On lui donna pour programme, comme à David, de conserver le costume romain à *César*, le macédonien à *Alexandre*, le juif à *David*, le gaulois à *Charlemagne*. Il devait, pour la masse, se rapprocher autant que possible des cartes anciennes, tout en les débarrassant de ce qu'elles présentaient de grotesque. La Restauration, à son tour, voulut avoir des cartes à jouer : cette fois ce ne fut plus la régie, mais un particulier, nommé Bigand, qui s'en occupa. Toutes les figures appartenaient à l'histoire de France, et étaient d'un style de dessin très-élevé. C'était encore Charles Normand qui en avait tracé les dessins, mais on trouva qu'elles avaient, comme les précédentes, l'inconvénient de dérouter les joueurs : on se décida donc à en revenir aux anciennes cartes, en leur faisant subir de légères modifications : vers 1816, le gouvernement chargea de nouveau de ce soin Charles Normand, qui répondit à sa confiance. Ainsi le jeu de cartes en usage aujourd'hui est celui qu'il retoucha, et que feu Gatteaux père grava d'après ses dessins, et de cette manière les types créés au quatorzième siècle par Gringonner se trouvèrent conservés.

Au milieu de ces travaux sans nombre, Charles Normand trouvait encore le temps de s'occuper d'architecture. Il prit part au concours ouvert en ventôse an VIII (mars 1800), à l'effet de fournir au gouvernement des modèles de colonnes à élever dans chaque chef-lieu de département, à la mémoire des défenseurs de la patrie, colonnes qui devaient être tout à la fois héroïques, funéraires et triomphales. Sur les dix projets seulement qui reçurent la sanction de la commission, Charles Normand obtint le prix d'exécution de celle qui devait être érigée à Melun, chef-lieu du département de Seine-et-Marne. Le 14 ventôse an X, au Salon de 1801, il obtint un prix de 2,000 francs, pour un projet d'*Arc de triomphe* pour la barrière de l'Étoile. L'année suivante il exposa pour son prix d'encouragement, le projet d'un *Monument propre à recevoir l'Institut national de France*.

En 1806, lors du mémorable concours où l'on s'occupa de transformer en *Temple à la gloire de l'armée* l'église de *la Magdeleine*, commencée sous Louis XVI, concours auquel prirent part quatre-vingt-douze architectes, Charles Normand, par modestie, s'abstint d'envoyer son projet. Mais si l'on en juge par la gravure qu'en a donnée Landon, dans le tome XIV, planches 4, 5 et 6 de ses *Annales du Musée*, il eût du nombre de ceux qui obtinrent un prix de 2,000 francs, tant les conditions du programme étaient heureusement remplies. Il n'y eut pas, on le sait, de prix d'exécution. Dans ces temps d'effervescence, on se contentait de faire de nombreux appels aux artistes, de les mettre en émoi, laissant aux événements qui se succédaient avec une rapidité sans exemple, le soin de motiver l'ajournement ou la modification du projet sanctionné. Combien le monument de la Magdeleine n'a-t-il pas subi de transformations sur le papier et sur le terrain, avant d'être ce que nous le voyons aujourd'hui !

Quelque laborieuse, quelque honorable qu'ait été la période de la vie de Charles Normand que nous venons de parcourir (1795-1815), ce n'est cependant pas celle qui a le plus contribué à sa réputation, car elle a davantage répandu la connaissance des travaux des autres que des siens propres; mais ce fut celle qui s'écoula de 1815 à 1840, dans laquelle, sans cesser de répondre à l'appel des artistes et des éditeurs qui requéraient sa pointe savante et facile, il composa et grava ses divers ouvrages théoriques et pratiques qui ont rendu à l'architecture des services non moins signalés que ceux que rédigèrent dans le même but les Vignole, les Serlio, les Palladio, les Scamozzi et autres. Si l'on voulait continuer à énumérer l'œuvre gravé de Charles Normand, il faudrait consulter toutes les publications au trait de l'époque et ajouter aux ouvrages déjà mentionnés, le *Palais Massini*, publié par Haudebourt; le *Musée de sculpture* de Clarac; les *Souvenirs du Musée des monuments français*, édités par Biet; la *Description de Paris et de ses monuments*, par Legrand et Landon; la *Galerie mythologique* de Millin; les *Vies et œuvres des peintres* de Landon; le *Musée de Gand*, etc., etc., on arriverait alors à un chiffre qui dépasserait probablement dix mille planches.

Les ouvrages de Charles Normand se partagent en deux classes : l'une comprend ceux qu'il destinait à faciliter aux jeunes architectes, au moyen des parallèles qui en font saisir d'un coup d'œil les rapports et les divergences, le rapprochement des préceptes et des méthodes laissés par les maîtres de l'art; l'autre, les recueils composés pour déterminer les proportions principales relatives des constructions architecturales que les tailleurs de pierre, les maçons, les menuisiers et autres ouvriers en bâtiment peuvent être appelés à exécuter.

A la première classe appartiennent : 1° son *Parallèle des Ordres d'architecture des Grecs, des Romains et des auteurs modernes* (in-folio de 63 planches et texte), dans lequel il a mis en regard, pour chacun des ordres, les modèles laissés par Vignole, Palladio, Scamozzi, Serlio et autres; 2° son *Vignole des Architectes et des Élèves en architecture*, en deux parties (in-4° de 72 planches et texte); cet ouvrage est une savante épure de principes enseignés par Barozzio de Vignole, complété par des additions relatives à l'ornementation des ordres, partie essentielle de l'art, et non dépourvue de difficultés réelles, même pour les artistes expérimentés, particulièrement eu égard, soit à sa manière de relever les caissons de toutes formes employés dans l'ornementation des différentes voûtes, soit à la fixation des proportions relatives des galeries, des rotondes, etc., etc. Cet ouvrage est suivi d'un *Abrégé du tracé des ombres dans l'architecture;* 3° enfin, le *Parallèle des diverses méthodes de dessin de la perspective* (102 planche in-4, un volume de texte), d'après les auteurs anciens et modernes. Ce dernier ouvrage complète la série des livres de haut enseignement composés par Charles Normand. Là, à l'aide de douze méthodes différentes qui y sont développées, il n'est pas d'artiste qui ne puisse apprendre de lui-même, à fond et sans autre secours, les règles de toute espèce de perspective.

Dans la seconde classe, nous rangerons le *Recueil varié de Plans et de Façades de maisons de ville et de campagne, et d'édifices publics et particuliers* (65 planches in-folio et texte), qu'il publia en 1815, dans le dessein de venir en aide aux entrepreneurs de bâtiments éloignés des grandes villes, qui cherchent un guide auquel ils puissent se fier pour assurer leur marche incertaine. Telle est l'idée que fait naître l'inspection de l'ouvrage, car on y voit l'auteur s'appliquer à simplifier, à approprier à nos fortunes, à nos usages, à nos besoins, des motifs en réputation, épars sur les différents points du globe, et non à donner cours à ses propres inspirations. Son *Guide de l'Ornemaniste* (36 planches in-folio et texte), nous paraît avoir été conçu dans le même esprit. Ce ne sont pas les créations, mais l'application à nos besoins d'ornements puisés aux meilleures sources, c'est-à-dire chez les Grecs, les Romains, les artistes de la renaissance; Charles Normand avait le sentiment trop éclairé, trop pur, pour admettre dans son ouvrage ces formes bizarres et tourmentées, empruntées à un siècle naguère justement honni, et qu'un esprit de vertige introduit de nouveau dans l'ornementation de nos meubles et de nos habitations.

Vient ensuite son *Vignole des Ouvriers*, en quatre parties (150 planches in-4°, avec texte), création neuve qui lui appartient en propre et dont le mérite et l'utilité ne laissent plus aujourd'hui aucun doute. Sous ce titre, Charles Normand a réuni et le tracé des cinq ordres d'architecture par une méthode simple et facile, et tous les enseignements de détail dont peut avoir besoin l'ouvrier en bâtiment, pour donner à chaque objet une forme, une proportion, un style en rapport avec l'édifice qu'il bâtit, ou avec la partie à laquelle il travaille. A ces enseignements qui préviennent le manque de goût si souvent remarqué dans les ouvrages abandonnés à des mains mal apprises, Charles Normand a joint une foule de préceptes mis à la portée des intelligences peu développées, et au moyen desquels l'ouvrier peut relever lui-même toute espèce de terrain aussi bien que le plan d'une maison, et suivre tous les détails d'une construction, depuis la coupe des pierres, la maçonnerie, la charpente, la menuiserie, la serrurerie et la couverture, jusqu'à la distribution et la décoration intérieure d'un bâtiment. Ainsi son *Vignole des Ouvriers* est un guide pratique complet, non moins estimable sous le rapport du goût que sous celui de la simplicité et de la clarté des méthodes. A l'instar de Vignole, qui, comme on sait, a basé son système des ordres et leurs proportions sur la comparaison d'édifices nombreux dont il a pris la moyenne, Charles Normand a résumé, d'après les exemples avoués, les données générales qu'il érige en principes. Sans doute ces données sont contestables dans certains cas, mais on conviendra avec nous que Vignole lui-même ne saurait être toujours suivi à la lettre, non plus que Gérard Audrun dans les proportions du corps humain. Palladio et Scamozzi, Raphaël et Rubens, pour avoir eu un sentiment différent sur une même chose, ont donné une proportion différente à un même ordre, à une même figure et n'en sont pas moins des maîtres qu'on peut suivre sans risquer de s'égarer. Charles Normand n'a pas prétendu guider, inspirer le génie, il était trop sage pour cela, il a seulement voulu prévenir les erreurs d'un savoir incomplet. Cette modestie qui semblait faire le fond de son caractère ne s'est jamais démentie pendant les quarante années (1799-1840) qu'il a fait partie du jury appelé à juger les concours de l'école d'architecture, on l'a toujours vu douter de ses propres lumières, tout en émettant les idées les plus judicieuses et les mieux raisonnées sur les projets soumis à son examen. La vie d'un artiste étant toute dans ses ouvrages, nous terminerons cette notice en rappelant ici deux recueils de dessins, exécutés de sa main, qu'il se proposait de publier; l'un a pour objet l'*Œuvre de Palladio;* l'autre, l'*Œuvre de Serlio;* le texte qui accompagne chaque dessin est écrit de sa main.

Charles Normand a terminé sa carrière, à Paris, le 13 février 1840 : ses parents et ses amis auront toujours dans le cœur le souvenir de ses habitudes simples et paisibles, de son aversion pour l'intrigue, de son amour pour le travail, enfin de ses goûts champêtres, si bien en harmonie avec la sérénité de son âme; n'essayons pas d'en offrir le tableau; bornons-nous à dire que cet artiste si estimable fut aussi et constamment essentiellement homme de bien. C'est à ce double égard qu'il sera regretté de tous ceux qui l'ont connu, et surtout d'une famille dont il était adoré, et au milieu de laquelle il s'est doucement éteint avec le calme qu'inspire une conscience pure et un cœur vertueux.

AVIS PRÉLIMINAIRE.

Nous nous sommes proposé, dans ce nouveau Parallèle, de mettre sous les yeux des artistes, des élèves et des amateurs, les proportions exactes des ordres d'architecture qui décorent les monuments les plus célèbres, tant anciens que modernes, en réunissant dans un seul volume les principes de ces ordres, disséminés dans un grand nombre de livres rares, ou d'une acquisition dispendieuse.

Tous ceux qui, par état ou par goût, cultivent les beaux-arts, savent à quel degré de perfection ils furent portés chez les anciens peuples de la Grèce et de l'Italie, et que le génie, soutenu par un noble enthousiasme, nourri de fictions poétiques, aidé par un tact délicat et sûr, que favorisaient le climat, la liberté et la simplicité des mœurs, y créa ces chefs-d'œuvre qui servent aujourd'hui de type aux artistes de toutes les nations. L'architecture antique, en particulier, légua pour ainsi dire à la postérité des modèles de grandeur, de magnificence, comme aussi de goût, de convenance et de raison. Mais les arts et les lettres ont, ainsi que les nations, des époques de prospérité, de splendeur, et des temps malheureux de décadence et d'oubli. Des siècles d'ignorance et de barbarie succédèrent à chacun des siècles brillants de Périclès, d'Auguste, d'Adrien. Ce ne fut qu'en dernier lieu, sous le gouvernement des Médicis, de François Ier, que les savants et les artistes retrouvèrent des protecteurs et reçurent des encouragements. L'étude recueillit avidement alors quelques principes épars des connaissances humaines qui refluaient de l'Orient. L'architecture, la peinture et la sculpture furent en quelque sorte recréées. Les ruines encore debout, les fragments des monuments antiques éveillèrent le génie des Palladio, des Scamozzi, des Vignole. Inspirés par ces restes précieux, de grands hommes se montrèrent aussi à l'admiration de leurs contemporains. Plusieurs auteurs distinguèrent et classèrent les différents ordres d'architecture, et, parmi ceux-ci, Jacques Barozzio de Vignole observa plus exactement, à quelques égards, les belles proportions des anciens. Cependant le changement dans les mœurs, les nouvelles destinations données à différents édifices, la variété de style particulière à chaque nation, entraînèrent ces grands maîtres dans quelques écarts, qu'un goût plus pur s'est attaché depuis à rectifier. Les défauts observés dans leurs édifices existent aussi dans les livres et les dessins du même temps. Néanmoins le mérite incontestable de Vignole, et peut-être aussi l'influence de l'habitude, l'ont fait désigner jusqu'ici comme le guide exclusif de ceux qui s'adonnent à l'architecture.

C'est pour faciliter le rapprochement des proportions diverses adoptées par des auteurs célèbres, et seconder les efforts des habiles professeurs qui répandent chez les peuples civilisés l'instruction et le bon style, que nous avons entrepris d'exposer avec une exactitude scrupuleuse ce que les différentes époques de la bonne architecture présentent de plus remarquable dans les ordres dont elle s'enrichit. Nous avons décrit, dessiné et gravé nous-même chaque ordre tiré des principaux monuments grecs et romains ; nous avons cité en même temps les auteurs qui en ont parlé, et lorsque nous avons reconnu quelques erreurs, nous nous sommes fait un devoir de les rectifier. Immédiatement après l'exposition d'un ordre antique, nous avons présenté ce même ordre selon les modernes, et nous avons hasardé notre opinion sur les diverses proportions de leurs colonnes, chapiteaux, entablements, etc., et sur le choix et les rapports des moulures et des principaux détails d'ornement. L'ordre Toscan, par lequel nous avons dû commencer, est le seul où nous n'ayons pu citer que les architectes modernes de l'Italie, vu le peu de fragments antiques qui en sont restés.

Notre travail occupe en tout, y compris le frontispice, soixante-quatre planches gravées au trait, dont quatre pour l'ordre Toscan, treize pour le Dorique, treize pour l'Ionique, seize pour le Corinthien, six pour le Composite, deux de Cariatides et dix de détails, parmi lesquelles se trouvent divers entablements comparés particulièrement entre eux, plusieurs manières de contourner les volutes Ioniques, la diminution des colonnes et la proportion relative de leur entablement en raison de la dimension générale, d'après Vitruve ; celle des frontons, les portes et les fenêtres antiques et modernes, des soffites d'architraves et plusieurs ornements qui s'appliquent aux moulures. On trouvera enfin, soit dans le texte, soit dans les planches, qui portent des explications et des notes, tout ce qu'il y a d'essentiel pour la connaissance exacte des ordres chez les anciens, ainsi que dans Vitruve, Palladio, Scamozzi, Vignole, Serlio, Alberti, Viala, Philibert Delorme, Chambrai, Desgodetz, Stuart, Delagardette et autres auteurs. Nous aurons atteint notre but si le rapprochement fidèle de toutes ces proportions, en évitant aux artistes la perte d'un temps toujours précieux et une dépense assez considérable, devient utile aux progrès de l'art.

AVERTISSEMENT.

Le module que nous avons employé est le même pour tous les ordres ; il est divisé en trente parties. Celui qui appartient aux ordres de Vignole est rapporté au dessous du premier.

Les ordres se composent d'une colonne et de son chapiteau, avec base ou sans base, selon l'ordre, et de son entablement. Les colonnes sont élevées quelquefois sur un piédestal, ou sur un simple socle, mais souvent sans ses deux bases, et simplement sur des marches.

La proportion la plus générale des entablements, dans les ordres antiques, est du quart de la hauteur de la colonne. Il s'en rencontre même qui sont entre le quart et le cinquième seulement. Palladio et Scamozzi font assez généralement leurs entablements du cinquième de la colonne, et Vignole toujours du quart. Pour les règles établies par Vitruve, concernant la proportion des ordres et de leurs entablements, relativement à leurs différentes hauteurs, voyez la planche 59.

L'entablement est complet quand il réunit la corniche, la frise et l'architrave. Lorsque la corniche, avec une ou plusieurs faces au dessous, est sans frise, comme au temple de Pandrose (1), elle se nomme corniche architravée, et corniche simple lorsqu'elle n'est accompagnée d'aucune de ces deux parties.

Nous avons indiqué pour chaque ordre, et sur une plus petite échelle, les distances des entrecolonnements simples, de ceux avec arcades sans piédestaux, et de ceux avec piédestaux, ainsi que la distance du dessous du soffite de l'architrave jusqu'au dessous de la clef des arcades. Le reste peut facilement se trouver par la hauteur donnée des colonnes, par la figure du piédestal et sa proportion, et par celle de l'imposte et de l'archivolte (2), étant tout réuni sur la même planche pour chaque ordre. Les axes des colonnes sont toujours en rapport avec l'espacement des triglyphes, dont les métopes doivent être carrés. Nous avons pris le même parti pour tous les ordres qui vont suivre, avec ou sans modillons, pour les auteurs modernes seulement. Les anciens n'ont eu que rarement égard à ces divisions, même pour leurs autres ornements.

Pour chaque distance d'entrecolonnement des ordres antiques, nous avons choisi une mesure moyenne entre les inégalités produites souvent par un défaut de pose. Nous avons distingué et noté quelques entrecolonnements du milieu. Le diamètre des colonnes est en outre coté par pieds, mesure de France, moyen nécessaire pour faciliter les comparaisons, établir les rapports et juger de leur effet.

(1) Voyez la planche 55.

(2) Les impostes et archivoltes des ordres Dorique, Ionique, Corinthien et Composite de Scamozzi, se trouvent aux planches 17, 30 et 48.

3

Nous avons aussi quelquefois écarté de cet ouvrage les subdivisions de sixièmes, huitièmes, douzièmes, etc., de partie, souvent embarrassantes, lorsque nous avons jugé que cette suppression ne pouvait pas nuire à la combinaison de l'ensemble (1); ces monuments étant tous en ruine, la même mesure de détail, prise à six pieds de distance, donnerait souvent des différences plus grandes que ces subdivisions. Nous avons toujours rapporté soigneusement les grandes masses.

Afin de simplifier les figures, notamment pour le Corinthien et le Composite, et pour l'intelligence des cotes, nous avons prolongé distinctement sur la coupe du chapiteau une ligne verticale, formée de points oblongs, qui descend sur le nu ou le vif du fût de la colonne, pris au dessous de l'astragale; nous avons basé sur cette ligne les cotes de la saillie des feuilles et des volutes (2), suivant leur plan. Quant aux entablements, leurs cotes se prennent sur une verticale abaissée de la partie la plus saillante de la corniche pour en former les profils ; mais cette même partie, la plus saillante, ainsi que la frise et la face de l'architrave au dessus du chapiteau, se mesurent toujours de l'axe de la colonne.

EXPLICATION DES MOULURES.

Il y a de grandes et de petites moulures; les grandes sont les doucines ou cymaises, les quarts de rond ou oves, les cavets, les talons, les tores et les scoties; les petites sont les réglets, filets, listels ou listaux, les astragales et les congés. Les petites moulures servent à couronner les grandes, à les séparer, à leur donner plus de relief et à les faire mieux distinguer. Quelquefois le cavet, le quart de rond et le talon deviennent aussi de petites moulures, quand elles se trouvent entre les faces des architraves, des impostes et des archivoltes, aux chambranles des portes et des fenêtres. A l'égard de la doucine ou cymaise, du larmier, de la face denticulaire et de la plate-bande des modillons, ces moulures sont toujours grandes et couronnées de plus petites. Il en est de même de l'ove ou quart de rond, et du talon, dans les corniches. Le grand et le petit tore, ainsi que la scotie, ne s'emploient guère qu'aux bases, et ils sont toujours séparés par des listels ou par des astragales.

Pour les noms des différentes moulures, nous les avons indiqués sur chacun des ordres de Vignole, par lettres alphabétiques, renvoyant au texte qui y a rapport pour les faire connaître.

Ayant voulu rendre utile le frontispice, nous avons mis en parallèle une cariatide du temple de Pandrose, et une de la salle des antiques du Louvre par Jean Goujon, et, dans les compartiments qui en forment le cadre, plusieurs soffites d'architraves imités de l'antique, ainsi que divers autres ornements applicables à l'architecture.

(1) On pourra trouver de petites divisions qui ne sont point en rapport avec les cotes ; ce n'est point une erreur : mais cela a été fait quelquefois ainsi pour faciliter l'intercalation des chiffres.
(2) La plupart des chapiteaux antiques étant très-mutilés, surtout à la saillie de leurs volutes et de leurs feuilles, il nous a fallu y suppléer par la comparaison des parties conservées avec ce qui restait aux autres du galbe de leurs feuilles et des contours des volutes réunies à la courbure du tailloir, pour fixer une mesure sinon exacte, au moins très-rapprochée de la réalité, et que l'ensemble de ces chapiteaux vus de face pourra justifier.

ORDRE TOSCAN.

L'ORDRE Toscan est le plus simple des cinq ordres d'architecture, et celui par lequel les élèves commencent ordinairement l'étude de cet art, après celle des éléments de géométrie ; il doit donc se trouver en tête de cet ouvrage. Le nom de cet ordre indique assez qu'il est d'origine Toscane. On n'en trouve les proportions régulières que chez quatre auteurs modernes, Palladio, Scamozzi, Serlio et Vignole ; mais aucun de ces architectes célèbres ne paraît avoir vu l'ordre Toscan conservé dans son entier parmi les restes de constructions antiques. Un seul d'entre eux, Palladio, prétend (1) en avoir découvert des fragments dans les ruines des arènes de Vérone, et dans celles de Pola en Istrie (2).

ORDRE TOSCAN DE PALLADIO.

PLANCHE Iʳᵉ.

ANDRÉ PALLADIO profile de deux manières différentes le chapiteau et la base de l'ordre Toscan. On trouve trop d'égalité dans les rapports des moulures de sa corniche. La doucine ou cymaise prolongée sous le larmier semble lui donner un peu de mollesse. Nous ferons observer cependant que, par l'effet de la perspective (3), elle pourrait paraître plus en harmonie que dans le dessin géométral.

ORDRE TOSCAN DE SCAMOZZI.

PLANCHE II.

VINCENT SCAMOZZI est le plus riche dans son ordre Toscan, ainsi que dans ses autres ordres. Il a multiplié ses moulures, et a indiqué, dans sa frise, une saillie en forme de triglyphe sans canaux, et seulement sur l'aplomb de chaque colonne. Sa base et son chapiteau, qu'il a variés, sont d'une bonne proportion ; mais sa colonne, ayant un demi-diamètre de plus en hauteur que celle de Vignole, et une partie et demie de moins à l'extrémité de son fût, sous l'astragale, n'a peut-être pas le caractère convenable. La corniche de son piédestal a trop peu de saillie pour sa hauteur : nous croyons que, si la hauteur de cette corniche était diminuée de toute la partie du réglet, sans changer les moulures ni la proportion du piédestal, elle produirait un meilleur effet.

(1) Voyez le parallèle de Chambrai, même ordre.
(2) Dancarville, tome II, planche 4, donne un fragment d'ordre Toscan, trouvé dans les murs de Pœstum, et auquel Palladio et Serlio se rapportent pour le chapiteau.
(3) L'étude de la perspective est nécessaire pour pressentir les effets de l'architecture. L'ouvrage exécuté, étant vu d'en bas, et d'un point unique, ne rend pas exactement l'effet du dessin géométral. Le rayon visuel, oblique pour tous les points, excepté un seul, celui qui est perpendiculaire en face du spectateur, lui fait apercevoir des épaisseurs d'autant plus sensibles, que les objets ont plus de saillie, et qu'ils sont plus près et vus plus obliquement. Cet effet ne laisse pas d'avoir lieu à d'assez grandes distances.

ORDRE TOSCAN DE SERLIO.

PLANCHE III.

L'ordre Toscan de SERLIO est le plus simple des quatre que nous donnons pour exemple. La seule richesse est au plafond du larmier. Le chapiteau et la base sont parfaitement d'accord pour former du tout un bon ensemble. On pourrait l'employer pour l'intérieur d'une halle, pour de grands magasins, pour des constructions souterraines, etc.

Serlio a pourtant ajouté, ailleurs, deux listels à sa corniche, en donnant un peu de saillie à son larmier, un quart de rond, et une seconde face à son architrave, sans néanmoins changer la proportion de la masse totale de son entablement.

ORDRE TOSCAN DE JACQUES BAROZZIO DE VIGNOLE.

PLANCHE IV.

JACQUES BARROZZIO DE VIGNOLE paraît avoir inventé l'ordre Toscan qu'il a donné : sa proportion est la plus généralement adoptée ; mais nous pensons qu'un peu moins de saillie à sa corniche, ainsi qu'à son chapiteau, le caractériserait peut-être mieux. Sa colonne diminue, à partir du tiers de son fût (pris au dessous du tore de la base), jusqu'au dessus de l'astragale de son chapiteau. Cette règle est générale pour les cinq ordres que nous avons de lui. Les autres auteurs modernes paraissent aussi avoir adopté cette méthode.

L'ordre Toscan décrit par Vitruve, et gravé pour la traduction de Claude Perrault, nous a paru trop éloigné de nos usages pour le rapporter ici.

NOMS DES MOULURES DE L'ORDRE TOSCAN DE J.–B. DE VIGNOLE.

De la corniche.
A. Quart de rond, ou ove.
B. Baguette, ou astragale.
C. Filet, ou réglet.
D. Larmier terminé en congé sous le filet.
E. Réglet, ou filet.
F. Talon.
De la frise.
G. Frise.
De l'architrave.
H. Réglet, ou listel.
I. Face.
Du chapiteau.
K. Listel, ou réglet.
L. Abaque, ou tailloir.
M. Ove, ou échine.
N. Filet, ou anneau.
O. Gorgerin.
De la colonne.
P. Astragale.

Q. Ceinture, ou orle.
R. Fût, ou vif de la colonne, terminé en congé sous la ceinture.
S. Fût, ou vif de la colonne.
T. Ceinture liée par un congé au vif de la colonne.
De la base.
U. Tore.
V. Plinthe, ou socle.
Du piédestal.
X. Réglet.
Y. Talon.
Z. Dé du piédestal.
a. Réglet, ou filet.
b. Socle, ou base du piédestal.
De l'imposte et de l'archivolte.
c. Listel, ou réglet.
d. Grande face.
e. Petite face.
f. Archivolte, ou bandeau de l'arc.

DE L'ORDRE DORIQUE GREC.

Si l'Architecture n'a pas pris naissance dans la Grèce, c'est du moins sur cette terre classique de tous les beaux-arts que celui de composer et décorer les monuments publics est parvenu au plus haut point de perfection. C'est parmi les monuments grecs que l'on a cherché et que l'on trouve encore les plus purs modèles. Ils nous fourniront donc les premiers exemples de l'ordre Dorique antique, qui sera suivi de celui qu'ont adopté les Romains, et après eux les modernes.

DU PARTHÉNON A ATHÈNES.

PLANCHE V.

Nous commencerons par le Parthénon à Athènes, de tous les temples grecs le plus estimé par la beauté de son ensemble et la pureté de ses détails. On croit qu'il fut élevé sous Périclès, quelques années après le temple de Thésée, et que celui-ci servit de modèle au célèbre architecte Ictinus, et à Callicrate, sculpteur, qui construisirent le Parthénon. Le plan de ce temple, dont la forme est un parallélogramme, présente huit colonnes sur sa face principale, ainsi que sur celle qui lui est opposée, et dix-sept sur chaque face latérale, formant péristyle au pourtour. L'entablement qui les couronne est surmonté par un fronton à ses deux extrémités, dont le sommet, prolongé de l'une à l'autre, formait le toit qui recouvre cette masse admirable, mâle et légère à la fois.

DU TEMPLE DE THÉSÉE A ATHÈNES.

PLANCHE VI.

Le temple de Thésée, d'une dimension plus petite que le Parthénon, mérite également toute l'attention des architectes. Ses rapports sont si parfaits, son ensemble si satisfaisant, qu'il offre, avec le précédent, les deux meilleurs modèles en ce genre que l'on puisse citer (1). On peut y remarquer que les mutules au dessus des triglyphes et sur les métopes sont beaucoup plus forts que ceux de la corniche du Parthénon. Ce temple a six colonnes sur les deux faces opposées, et treize sur les faces latérales, formant aussi péristyle au pourtour.

(1) Pour la partie historique et la description de ces deux temples, voyez la traduction de l'Œuvre de Stuart, publiée par M. Landon : tome II, chapitre 1er, page 39, planche 6, pour le T. de Thésée, et tome III, chapitre 1er, page 15, planche 6, pour le Parthénon.

DU GRAND TEMPLE DE POESTUM.

PLANCHE VII.

Le grand temple de Pœstum n'offre pas la même élégance que le Parthénon et le temple de Thésée. Il semble appartenir à l'enfance de l'art, ou plutôt à son déclin. Ses colonnes courtes et leurs chapiteaux saillants et aplatis dans leur proportion, semblent écrasés sous le poids de l'entablement. On désirerait peut-être à celui-ci une moulure qui couronnât le larmier ; l'ensemble, cependant, porte un aspect imposant (1). En comparant ce monument aux deux qui précèdent, dont le mérite est supérieur au moins pour les détails, on ne conçoit pas pourquoi, en parlant en général de cet ordre, le nom de Pœstum sert à le désigner, puisqu'on pouvait avec plus de raison l'appeler ordre grec, ou d'Athènes. Ce temple a de même six colonnes sur chaque face, et quatorze sur ses côtés, formant péristyle comme les deux précédents (2). Il existe en Sicile des temples antiques dont les colonnes ont un diamètre beaucoup plus fort que celles de ce dernier, qui est déjà colossal ; mais ces temples n'ont rien d'imposant que leur masse, et rien de particulier dont l'art puisse tirer quelque avantage.

DU TEMPLE D'APOLLON,
DU PORTIQUE DE PHILIPPE DE MACÉDOINE DANS L'ILE DE DÉLOS,
ET DU TEMPLE DE CORINTHE.

PLANCHE VIII.

C'est au célèbre STUART que nous devons les détails de la plus grande partie de ces monuments. Cet infatigable artiste a de justes droits à notre reconnaissance. Le temple d'Apollon, dans l'île de Délos, ne pouvait pas échapper à ses recherches : si, au milieu des ruines, il n'a pu découvrir la totalité de sa forme primitive, au moins il nous en a transmis des fragments trop intéressants pour les négliger ici. On croit que ce fut dans l'entablement de ce temple qu'on introduisit les premiers triglyphes, représentant la figure d'une lyre, le principal attribut de ce dieu.

L'entablement du Portique de Philippe, plus régulier, plus riche au soffite de son larmier, mérite aussi notre attention.

Le temple de Corinthe était probablement dans le même goût de détails, à en juger par ce qui reste de colonnes encore debout. Nous en avons donné dans cette planche le profil et les dimensions.

(1) Delagardette, qui a donné les détails de ce temple avec tout le goût et l'admiration que lui avaient inspiré les monuments antiques de la Grande-Grèce, et d'après lesquels nous avons gravé cette planche, s'était proposé de poursuivre ses recherches en parcourant le royaume de Naples. Son extrême exactitude doit faire regretter que les circonstances ne lui aient pas permis l'exécution de ce projet.

(2) Il est à remarquer que les colonnes d'angles de ces monuments étaient un peu plus fortes de diamètre que les autres colonnes, et que leur espacement avec la pénultième en est diminué de trois quarts de modules, plus ou moins.

Vitruve, livre 3, planche 20, enseigne même que, dans la formation de ces temples, la colonne d'angle doit être hors de son aplomb, et inclinée vers la face du temple de toute sa diminution par le haut, ce qui n'a pas été remarqué dans les trois temples que nous venons de citer, et ne paraîtrait être qu'une opinion de l'auteur.

DES DIVERS CHAPITEAUX DE COLONNES
APPARTENANT AU MÊME ORDRE.

PLANCHE IX.

Les exemples précédents font suffisamment connaître l'ordre Dorique grec ; cependant ce même ordre étant employé aux Propylées d'Athènes (1), ainsi qu'au Portique d'Auguste, presque avec les mêmes proportions, nous avons cru nécessaire d'y joindre le chapiteau des Propylées, remarquable par sa belle forme, et peu différent de celui de l'ordre intérieur du Panthéon. Nous avons joint aussi, pour servir de comparaison, celui du Portique d'Auguste, qui s'éloigne sensiblement de la proportion et de la belle forme des précédents. Les chapiteaux du petit temple de Pœstum et de la basilique du même lieu, sont des exemples que nous abandonnons au goût de ceux à qui ils pourraient convenir. Les suivants, trouvés aussi à Pœstum, ne sont pas sans quelque mérite, malgré la trop grande saillie de leur tailloir.

Remarque.

Il existe un défaut de liaison ou d'alignement entre les colonnes et les murs, tant de face que latéraux, qui ferment ces temples, particulièrement vers les saillies qu'on nomme antes.

Les antes, sans être précisément des pilastres propres à recevoir des soffites d'architrave parallèlement aux colonnes extérieures, sembleraient néanmoins devoir en tenir lieu. Un auteur a avancé que la charpente du grand temple de Pœstum était apparente sous le péristyle (2). En effet, les chapiteaux ou les moulures qui en tiennent lieu, dont les antes sont ornés, ne paraissent point avoir supporté de plate-bandes ; on n'en retrouve aucune trace, et d'ailleurs ils diffèrent tellement des chapiteaux des colonnes, qu'ils semblent être un hors-d'œuvre, sans autre but que de terminer avec une sorte de grâce ces mêmes bouts de murs, dont l'aspect serait désagréable sans cet ornement.

Nous avons donné le profil de ces espèces de chapiteaux, et celui de leurs bases. On pourrait peut-être les employer avec quelque succès comme chapiteaux de pilastres, si on les mettait en rapports parallèles avec ceux des colonnes, surtout dans le cas où les colonnes seraient très-rapprochées du mur qui leur servirait d'arrière-corps. Nous préférerions même cette sorte de couronnement aux chapiteaux tronqués, dont la mutilation est toujours désagréable à l'œil. L'altération d'un chapiteau de pilastre ou de colonne (de l'Ionique (3) et du Corinthien plus particulièrement) détruit nécessairement la beauté qui résulte de l'ensemble de ses rapports.

L'ordre Dorique grec décrit dans cette section comme le type du genre, puisqu'on ne trouve rien de bien régulier au delà, est d'un emploi difficile, relativement à nos goûts et à nos usages. Ornement des temples grecs, il annonçait autrefois la majesté des dieux ; mais, de nos jours, il ne peut guère plus être employé que pour la décoration des édifices, sinon du dernier ordre, au moins du genre qui exige un caractère mâle et sévère.

(1) David Leroy, notre digne professeur, dont la mémoire nous est toujours chère, a le premier propagé en France le goût de l'architecture grecque. Il avait vu Athènes, mesuré quelques-uns de ses édifices, et il en a formé un œuvre aussi intéressant qu'instructif. (Voyez *Ruines des beaux Monuments de la Grèce*, par D. Leroy.) Des recherches plus approfondies lui ont fait contester quelques détails. (Voyez Stuart, mêmes édifices.) Mais ce qui n'a pu lui être contesté, c'est cet élan vers le beau, ce sentiment d'admiration pour les anciens, qu'il eut l'art d'inspirer à ses élèves, et qui leur fit abandonner ces formes bizarres, cette architecture ressautée et mesquine, au goût de laquelle ils se laissaient entraîner.

Marie-Joseph Peyre, dans le même temps, mit au jour son Œuvre d'Architecture, résultat de ses recherches dans les Antiquités romaines. Cet ouvrage fut reçu avec tout l'intérêt qu'il méritait ; il fortifia la lumière que D. Leroy s'efforçait de répandre ; le style changea ; les élèves de l'Académie brûlèrent de voir Rome et l'Italie. Cette noble émulation fut la source des progrès que l'art a faits depuis.

(2) Voyez l'Œuvre de Delagardette, sur les temples de Pœstum, planches 5 et 6, et page 43.

(3) Voyez les planches 19 et 20, pour les ordres Ioniques grecs.

DES ORDRES DORIQUES ROMAINS.

L'ORDRE Dorique romain n'a de rapport avec celui des Grecs, que par les triglyphes et les gouttes, soit au plafond du larmier, soit au dessous de ces mêmes triglyphes. Le chapiteau de sa colonne diffère du chapiteau grec dans tout son ensemble. Seulement les fûts des colonnes, comme ceux de l'ordre Dorique grec, sont sans bases. La partie inférieure de la corniche a des denticules. Cet ordre semble composé du Dorique et de l'Ionique grecs.

DORIQUE DU THÉATRE DE MARCELLUS.

PLANCHE X.

Le théâtre de Marcellus, à Rome, présente dans sa décoration intérieure trois ordres avec portiques, les uns au dessus des autres. Le premier est Dorique; sa proportion, mâle et élégante en même temps, a fixé l'œil attentif et exercé des architectes; c'est celui que les auteurs modernes paraissent s'être proposé pour modèle, et dont nous donnons ici la gravure (1). Il suffirait peut-être pour le rendre parfait, de modérer quelques saillies, et de modifier quelques moulures. Le tailloir de son chapiteau paraît un peu fort. On jugera mieux de ces réflexions par les exemples qui vont suivre.

DORIQUE D'ALBANE.

PLANCHE XI.

Cet ordre découvert à Albane près de Rome, et qui semble avoir servi de modèle à Vignole pour son Dorique mutulaire, était bien fait pour l'inspirer (2). Son entablement, d'une toute autre forme que le précédent, et que celui qui suit, produit un grand effet par le plafond de son larmier. Ses triglyphes, dont les canaux ne posent pas immédiatement sur la bandelette de l'architrave qui ressaute comme eux, le terminent assez bien. Il paraît qu'alors c'était le goût des Romains, dans l'architrave de cet ordre, de donner beaucoup de saillie aux triglyphes. Le chapiteau, suivant nous, en est parfait. Vignole l'a simplifié.

(1) D'après les dessins de M. Vaudoyer.
(2) Voyez les planches 16 et 17 de l'ordre Dorique du temple de Pœstum, pour l'arrangement des gouttes sous le larmier, dont celui d'Albane paraît-ait dériver.

DORIQUE DES THERMES DE DIOCLÉTIEN.

PLANCHE XII.

Ce troisième exemple, tiré des Thermes de Dioclétien, est d'une belle proportion, La pureté du profil de sa corniche, ses moulures ornées, ses denticules en forme grecque, ajoutent à la richesse de son ensemble. La plate-bande qui couronne le triglyphe, dont le talon, au dessus, ne se profile pas comme elle, est peut-être un peu saillante. L'architrave soutient parfaitement le style de la corniche. Le chapiteau, quoique d'un bon goût, n'a cependant pas le caractère mâle de celui d'Albane. Nous croyons que le quart de rond, sous le tailloir de ce dernier, est préférable à la doucine ornée du premier. Ces trois ordres sont à peu près les seuls que l'on puisse citer, comme ceux dont le style se rapproche le plus particulièrement. Les colonnes de ces ordres sont sans bases.

ORDRES DORIQUES MODERNES.

A. PALLADIO, V. SCAMOZZI et J. BARROZZIO DE VIGNOLE, tout en se rapprochant à certains égards, offrent assez de variétés pour que l'artiste puisse choisir et se déterminer suivant son goût.

ANDRÉ PALLADIO.

PLANCHE XIII.

PALLADIO n'a pas copié servilement l'antique, mais il s'en est écarté fort peu. Il a donné moins de saillie à sa corniche que n'en a celle du même ordre au théâtre de Marcellus; peut-être a-t-il un peu renfoncé ses gouttes pendantes sous le larmier : mais son but peut avoir été de présenter à l'œil, par ce moyen, plus de grandeur dans sa corniche, et de compenser ainsi la saillie qu'il a jugé à propos de diminuer. Il n'a point de denticules. Ses triglyphes sont saillants, la bandelette qui couronne les gouttes ressaute, celle antique passe sans interruption ; son chapiteau est le même ; il n'en diffère seulement que par la proportion des moulures. Son imposte est ajusté dans les mêmes principes.

VINCENT SCAMOZZI.

PLANCHE XIV.

SCAMOZZI a puisé son ordre Dorique à une autre source, à celui des Thermes de Dioclétien, et il a presque la même dimension dans l'ensemble : les moulures seulement y sont changées de proportion. Il a orné le plafond de son larmier, fait saillir davantage le triglyphe, mis une simple bandelette à l'architrave au dessus des gouttes, et l'a fait aussi ressauter. Son chapiteau a une certaine grâce. La base de sa colonne est trop riche pour son entablement, dont il n'a orné qu'une seule moulure (1).

JACQUES BAROZZIO DE VIGNOLE.

PLANCHE XV.

VIGNOLE, après s'être pénétré des proportions de l'ordre Dorique du théâtre de Marcellus, a disposé toutes les parties du sien de manière à ce qu'il puisse être employé en premier ordre et isolément. Son modèle, en certains endroits, tient davantage au style grec. L'ar-

---

(1) Scamozzi, outre le chapiteau de son ordre, en donne deux autres de pilastres, dont l'un ressemble au chapiteau du théâtre de Marcellus, et l'autre à celui du Dorique trouvé à Albane. (Voyez planches 10 et 11.)

chitrave de Vignole paraît moins grande, sa bandelette étant plus forte, et il ne la fait pas ressauter, comme l'ont fait Palladio et Scamozzi. Toutes ces différences cependant ne sont point au désavantage de l'ordre Dorique de cet auteur, dont le mérite, reconnu depuis long-temps, est toujours apprécié.

DORIQUE MUTULAIRE DE VIGNOLE.

PLANCHE XVI.

VIGNOLE nous paraît avoir réuni dans son entablement mutulaire toutes les perfections : il n'y laisse rien à désirer. Cet ordre convient parfaitement pour la décoration extérieure, par la fermeté de son profil et la saillie de sa corniche, pour rejeter au loin les eaux pluviales. Tout concourt à son adoption sous ce rapport, en même temps que celui d'Albane pourrait s'employer avec succès, dans les intérieurs, comme les vestibules, les galeries et les portiques.

Alberti a fait aussi la corniche de son ordre Dorique, mutulaire, mais celle de Vignole lui est de beaucoup préférable.

On peut aussi consulter l'ordre du temple de Thésée, planche 6, pour les mutules dans la corniche.

PHILIBERT DELORME ET JOSEPH VIALA.

PLANCHE XVII.

Le Dorique de PHILIBERT DELORME, que nous avons dû citer aussi, et dont la simpli-cité n'est pas sans mérite, conviendrait parfaitement pour la décoration des portes et des croisées ; ces sortes d'ajustements n'exigeant point tous les détails dont se compose un entablement de couronnement. Delorme, tout en se rapprochant du Dorique décrit par Vitruve (1), l'a encore simplifié. Serlio, Barbaro, Catanéo et Bulant, sont dans le même style, et presque dans la même proportion.

L'Ionique et le Corinthien de Delorme n'offrant point un grand intérêt, nous ne les joindrons pas à cet ouvrage.

JOSEPH VIALA paraît avoir imité son Dorique de celui de Palladio. Tous, excepté Vignole, ont adopté pour cet ordre la base appelée vulgairement base antique, en lui donnant la proportion qu'ils ont jugé le mieux lui convenir. Les autres ordres de Viala se rapprochant beaucoup de Palladio, ou de Scamozzi, nous n'avons pas cru devoir les reproduire.

NOMS DES MOULURES DE L'ORDRE DORIQUE DENTICULAIRE DE VIGNOLE.

De la corniche.

A. Réglet.
B. Cavet.
C. Filet.
D. Talon.
E. Couronne, ou larmier.
F. Filet qui couronne les denticules.

G. Denticules.
H. Face, ou fond des denticules, ou métoché.
I. Talon.
K. Bande, ou chapiteau des triglyphes.

De la frise.

L. Métopes.
M. Triglyphes.

(1) Vitruve, traduit par C. Perrault, chapitre 3.

De la frise.

N. Côtes.
O. Canaux.
P. Demi-canaux.

De l'architrave.

Q. Bandelette, ou cymaise.
R. Filet des gouttes.
S. Gouttes.
T. Face, ou plate-bande.

Du chapiteau.

U. Réglet.
V. Talon.
X. Tailloir, ou abaque.
Y. Ove, ou quart de rond.
Z. Annelets, ou filets.
a. Gorgerin.

De la colonne.

b. Astragale.
c. Ceinture, ou orle.
d. Fût, ou vif de la colonne.
e. Cannelures à vives arêtes.
f. Orle, ou ceinture.

De la base.

g. Baguette, ou astragale.
h. Tore.
i. Plinthe, ou socle.

Du piédestal.

k. Réglet.
l. Quart de rond.
m. Filet.
n. Larmier.
o. Talon.
p. Dé.
q. Listel.
r. Baguette.
s. Talon renversé.
t. Plinthe.
u. Socle.

De l'imposte et de l'archivolte.

v. Réglet.
x. Quart de rond.
y. Baguette.
z. Filet.
a. 2e face.
b. 1re face.

Du plafond de la corniche.

c. Bec.
d. Canal.
e. Gouttes du larmier.
f. Caissons.

NOMS DES PRINCIPALES MOULURES DE L'ORDRE DORIQUE MUTULAIRE DE VIGNOLE.

De la corniche.

A. Gueule droite, doucine, ou cymaise.
B. Talon des mutules.
C. Mutules.
D. Profil des mutules.
E. Gouttes sous les mutules.
F. Quart de rond.

De l'architrave.

G. Grande face.
H. Petite face.

Du chapiteau.

I. Talon qui peut être taillé de rais de cœur.
K. Quart de rond taillé d'oves.
L. Baguette taillée d'olives et d'amandes.
M. Roses, ornements du gorgerin.
N. Cannelures, au nombre de vingt.

Du plan du chapiteau.

O. Plafond du tailloir.
P. Oves correspondants sur les cannelures.
Q. Place des roses.

De la base attique.

R. Cannelures, au nombre de vingt-quatre, creusées en demi-cercle, et séparées par une bande ou côte.
S. Ceinture.
T. Tore supérieur.
U. Listel taillé en quart de rond.
V. Scotie, ou nacelle.
X. Listel.
Y. Tore inférieur.
Z. Plinthe de la base.

ORDRES IONIQUES GRECS.

L'ORDRE Ionique grec réunit parfaitement la simplicité à l'élégance ; mais il faut convenir qu'il est le moins régulier de tous les ordres, par la forme et l'aspect inégal de son chapiteau, ce qui rend son emploi très-difficile pour les colonnes en retour d'équerre. Les exemples pris dans les temples grecs, et dont nous donnons la gravure, ne font pas disparaître cette difficulté, qui mériterait d'être profondément méditée. La volute ployée et arrondie aux angles extérieurs, ployée en retour d'équerre à l'intérieur, rompt désagréablement les lignes que l'on aime à retrouver dans l'architecture. Le respect que nous inspirent les monuments antiques nous interdirait sans doute ces réflexions si notre zèle pour la perfection de l'art nous permettait de les dissimuler.

TEMPLE D'ORDRE IONIQUE SUR L'ILISSUS A ATHÈNES (1).

PLANCHE XVIII.

Ce temple est du style le plus simple, et n'a pour ornements que les oves de son chapiteau, les cannelures du fût de la colonne et le tore supérieur de sa base, décoré de cannelures horizontales. Cette simplicité laisse briller de tout son effet le bas-relief sculpté dans la frise.

DÉTAILS DE L'ORDRE DU MÊME TEMPLE.

PLANCHE XIX.

La planche 19 présente le plan d'un des chapiteaux pris sur l'angle du temple, la face latérale de ce chapiteau, la forme de la saillie de ses volutes aux angles extérieurs et intérieurs, avec le développement en grand d'une des volutes vue de face, ses dimensions et la manière d'en contourner la spirale : le profil des antes, ainsi que celui de leurs bases.

DU TEMPLE DE MINERVE POLIADE A ATHÈNES.

PLANCHE XX.

L'ordre Ionique du temple de Minerve Poliade est riche par ses détails ; presque toutes ses moulures sont ornées. L'architrave de son entablement a trois bandes ; la frise est

(1) Ce temple paraîtrait être celui dédié à Cérès. *Voyage du Jeune Anacharsis*, Mystère d'Éleusis, chap. 68.

beaucoup plus haute, quoiqu'elle soit sans bas-relief. Il a, comme le précédent, une forte moulure prise dans l'épaisseur du larmier, ce qui augmente l'effet de son ensemble sans ajouter à sa masse. Entre le tailloir et le quart de rond, le chapiteau a deux rangs de moulures de plus qui circulent avec celle qui suit ordinairement le contour de la spirale. Il a un gorgerin orné, et un astragale sous lequel aboutissent les cannelures; au milieu de la côte qui sépare celles-ci, et par le haut seulement, saille une sorte de baguette. La base de la colonne nous paraît avoir pu servir de type pour celle que l'on nomme attique. Le chapiteau de l'ante est gracieux, et sa base, quoique taillée sur ses deux tores de canaux à double filet, a le même profil que la base de la colonne.

DÉTAILS DE L'ORDRE DU MÊME TEMPLE.

PLANCHE XXI.

Cette planche représente en grand l'une des volutes des colonnes (la manière de la contourner est la même que la précédente, planche 19), la coupe de la face du chapiteau, le plan du chapiteau de l'une des colonnes angulaires, le profil et la coupe des coussinets, et les volutes d'angles extérieurs et intérieurs.

DU TEMPLE D'ÉRECHTHÉE A ATHÈNES.

PLANCHE XXII.

Le chapiteau du haut de la gravure est celui des demi-colonnes engagées qui forment la face opposée à celle du temple de Minerve Poliade. Ce chapiteau, quoique présentant le même ensemble, a quelque différence dans sa proportion, dans les ornements de son gorgerin et la figure de son astragale.

Le second chapiteau est celui du temple d'Érechthée, contigu à celui de Minerve. Même intention qu'aux précédents. C'est aussi le même entablement, et c'est à l'opposé de ce dernier que se joint le temple de Pandrose (1), de sorte que ces trois temples n'en forment pour ainsi dire qu'un seul. La base des antes de ce temple a une sorte d'originalité remarquable, qui est même répétée dans d'autres monuments grecs, mais que les Romains et les modernes n'ont jamais adoptée.

AUTRES CHAPITEAUX IONIQUES GRECS.

PLANCHE XXIII.

Les deux premiers chapiteaux de cette planche sont d'une forme simple et d'une belle proportion; ils rappellent le beau style des Grecs; ils conviendraient parfaitement pour les intérieurs. Le troisième, tiré d'un acqueduc d'Adrien à Athènes, porte un entablement

(1) Voyez planche 55.

denticulaire; mais comme il a beaucoup de rapport, et qu'il ressemble même en toutes ses parties à celui de l'arc de Thésée (1), par la figure de son profil, et qu'il en a presque les mêmes proportions, si ce n'est que dans celui-ci les bandes de l'architrave sont droites, tandis que dans celui de Thésée elles avancent par le bas, nous avons préféré y renvoyer, plutôt que de multiplier sans nécessité les figures. Il paraîtrait, d'après ces chapiteaux et d'autres que nous pourrions citer, que les architectes de ce temps mettaient indifféremment le même entablement sur le chapiteau Ionique comme sur le Corinthien; et cela pourrait confirmer ce que dit Vitruve de la colonne de cet ordre (2), que *la colonne corinthienne n'avait point d'entablement qui lui fût propre.*

(1) Voyez planche 35.
(2) Au chapitre 1er du 4e livre.

ORDRES IONIQUES ROMAINS.

L'ORDRE Ionique paraitrait avoir été rarement employé par les Romains, si nous devons en juger par ce qui en existe encore dans les restes des édifices antiques. On ne retrouve cet ordre qu'au temple de la Fortune Virile, au théâtre de Marcellus et aux Thermes de Dioclétien. Quant à celui du Colisée, nous n'en avons pu donner que l'entablement (1), le chapiteau n'en étant pour ainsi dire qu'en masse. Dans d'autres lieux (2), les chapiteaux de cet ordre sont enrichis de détails d'ornements qui ne changent rien à la première forme antique; et ailleurs ils n'en sont que les composés, comme au temple de la Concorde (3).

DU TEMPLE DE LA FORTUNE VIRILE.

PLANCHE XXIV.

Si l'on se reportait à l'idée que les Grecs ont donnée de cet ordre dans toutes ses parties, et à la comparaison que Vitruve a faite de la colonne avec une jeune fille, l'œil s'accoutumerait difficilement à supporter, au premier aspect, l'entablement massif de celui-ci. Cependant il mérite quelque examen, puisque, par son profil, il est bien distinct des autres ordres. Son chapiteau, comme ceux des Grecs, a aussi une volute angulaire. Quelques architectes modernes paraissent l'avoir pris pour modèle, mais en mettant, toutefois pour la plupart, leurs volutes sur une ligne parallèle, en grandissant la frise, et en modifiant sa corniche ainsi que son architrave (4).

DU THÉÂTRE DE MARCELLUS (5).

PLANCHE XXV.

L'ordre Ionique du théâtre de Marcellus pourrait être le modèle qu'ont suivi plus particulièrement plusieurs auteurs modernes. La partie supérieure de la corniche, jusqu'au larmier, étant totalement ruinée, il a fallu y suppléer par quelque vraisemblance. La partie

(1) Voyez planche 58.

(2) Tels que l'église de Sainte-Marie, au delà du Tibre, où l'on voit beaucoup de chapiteaux Ioniques différemment ornés; peuvent-ils nous faire juger (comme le dit Scamozzi) combien les Romains avaient élevé d'édifices de cet ordre?

(3) Voyez Desgodetz.

(4) Cet édifice, qui sert aujourd'hui d'église à des moines arméniens, est généralement d'un style lourd et massif; on en fait remonter l'origine au règne de *Servius Tullius*, un des premiers rois de Rome.

(5) D'après les dessins de M. Vaudoyer.

inférieure, bien profilée et bien proportionnée, a quelque chose du style grec. Les faces de l'architrave, toutes rentrantes par le bas, sont ainsi disposées sans doute pour l'aspect (1). Le chapiteau, mis en rapport avec ceux des Grecs, est un peu petit; sa base est attique; la saillie de la corniche du piédestal, ou stylobate, est peu saillante, de même que l'imposte. Nous laissons à décider quel en a été le motif.

DES THERMES DE DIOCLÉTIEN.

PLANCHE XXVI.

Cet ordre est tiré des Thermes de Dioclétien; l'entablement est supporté par un pilastre (2) qui, placé sans doute dans l'angle d'une des pièces de ce vaste édifice, correspondait à des colonnes ou à d'autres pilastres. Vignole paraît l'avoir vu et apprécié; car s'il en diffère dans la proportion des moulures, son profil est à peu près le même; la base en est attique. Les Romains, dans cet ordre, ont imité les Grecs; et les modernes, pour l'ensemble, ont imité les Romains.

Remarque.

Les pilastres seuls, soit aux angles de murs, soit employés, comme au Louvre à Paris, pour une décoration régulière, sont ordinairement aussi larges du haut que du bas, ce qui nécessite plus de hauteur aux chapiteaux, s'ils sont Corinthiens. Cependant nous pensons qu'il est à propos de les diminuer un peu, parce qu'ils paraissent toujours plus larges à leur extrémité supérieure qu'ils ne le sont réellement. Mais placés derrière des colonnes, comme sans doute ils étaient au frontispice de Néron (3), ils doivent diminuer comme elles, à moins qu'à l'imitation des Grecs, et quelquefois des Romains, on ne mette l'architrave en surplomb du fût des colonnes (4), ce qui n'est plus en usage aujourd'hui, ou la même architrave en retraite sur le nu des pilastres, tel qu'on le voit sur ceux de l'ordre intérieur du Panthéon à Rome (5), ce qu'on ne peut approuver davantage.

(1) C'est le sentiment de Vitruve. Vitruve vivait du temps d'Auguste; il paraît que cet auteur était déjà vieux lorsqu'il lui dédia son ouvrage. Le théâtre de Marcellus fut élevé sous le règne de ce prince, et Vitruve n'en parle pas. Quelques-uns ont prétendu qu'il en avait été l'architecte, et cependant rien ne le prouve. La manière dont cet ordre est profilé ressemble assez à celle qu'il indique, livre 3, chapitre dernier, surtout dans les faces de l'architrave. Peut-être aussi n'était-ce que le système du temps.

(2) Voyez la remarque.

(3) Voyez planche 42.

(4) Voyez planche 4.

(5) Voyez planche 39.

ORDRES IONIQUES MODERNES.

MALGRÉ l'irrégularité de son chapiteau, comme nous l'avons déjà dit, cet ordre est le plus gracieux lorsqu'il est employé en moyenne proportion. Vitruve s'y complaît; il le module différemment, selon ses diverses dimensions. Les règles qu'il en donne sont sans doute précieuses, et nous les rapporterons à l'article du fût des colonnes (1). Mais pour les édifices où l'on se proposerait, soit à l'extérieur, soit dans l'intérieur, une galerie ou un portique avec des colonnes isolées, le Dorique et le Corinthien, suivant le style ou l'importance de l'objet, sont les deux ordres qui conviennent le mieux, parce qu'ils sont réguliers de tous les côtés (2). Les auteurs déjà cités et qui vont suivre ont donné, dans leurs ordres, des règles de proportions pour leurs entrecolonnements simples, pour ceux avec arcades et piédestaux, et pour ceux sans piédestaux; mais ils varient entre eux, suivant leur goût, la dimension de leurs colonnes, ou tout autre considération. Ces règles ne sont donc pas fixes. Il est bon de les connaître, de les étudier pour en faire au besoin une juste application.

ORDRE IONIQUE DE PALLADIO.

PLANCHE XXVII.

PALLADIO a en général beaucoup varié la proportion de ses ordres; mais sa prédilection pour celui-ci, qu'il a compris de préférence dans les cinq ordres que nous avons de lui, nous a déterminé à le prendre pour exemple. Au lieu de denticules sous le larmier de la corniche, il y a placé des modillons sans ornements; il a enrichi ses moulures, bombé sa frise, à laquelle il paraît avoir donné cette forme, non pas tant peut-être pour imiter les exemples antiques, que pour laisser une saillie dans laquelle il fût facile de tailler un ornement. Son chapiteau a de la grâce, tout le reste est digne de son auteur, et quoiqu'il paraisse un peu riche, il tient un juste milieu entre son Dorique et son Corinthien.

IONIQUE DE V. SCAMOZZI.

PLANCHE XXVIII.

SCAMOZZI, outre les modillons qu'il a ornés d'une manière bizarre sur leur profil, a fait au dessous une autre face, qui pouvait être taillée en denticules, s'il eût jugé cette richesse nécessaire. Son chapiteau est original. (C'est le chapiteau composite, dont il a

(1) Voyez planche 59.
(2) Cependant si la galerie, ou le portique qu'on se proposerait à l'intérieur, était d'ordre Ionique, il faudrait au retour des angles un pilastre au lieu d'une colonne avec des moulures différentes aux chapiteaux; voyez les antes des ordres Ioniques grecs, planches 18, 19 et 20.

supprimé les deux rangs de feuilles, en conservant l'abaque usité pour l'Ionique.) Nous ne prononcerons pas si l'on doit l'adopter ; mais nous dirons seulement qu'on en a beaucoup abusé en le surchargeant de guirlandes dont les extrémités étaient attachées ou sortaient de l'œil de la volute, ornement toujours postiche, et masquant sans nécessité les moulures du chapiteau.

IONIQUE DE J.-B. DE VIGNOLE.

PLANCHE XXIX.

VIGNOLE vise toujours au grand, et d'après son principe, qui est de prendre le quart de la colonne pour en former la hauteur de son entablement, il en résulte quelquefois un peu d'égalité dans certaines moulures. Il nous semble qu'un peu plus de force à son larmier, prise aux dépens du talon placé sous ses denticules, n'affaiblirait en rien le caractère qu'il y a affecté. Pour la base de la colonne, il paraît avoir manqué du goût qu'il montre dans tout le reste. L'antique n'en offre aucun exemple ; elle est selon Vitruve (1).

ORDRE IONIQUE DE SERLIO ET DE LÉON-BAPTISTE ALBERTI.

PLANCHE XXX.

SERLIO, dans l'ensemble de ses moulures, est disparate. Sa doucine présente une saillie qui doit nuire à son larmier, tandis que les autres moulures peuvent à peine être comptées. Son chapiteau et sa base sont de même forme que ceux de Vignole. Le plafond de ses denticules a la même saillie que celui du larmier. Cet ordre paraît être composé d'après la description qu'en a faite Vitruve (2). Barbaro, Cataneo et Bulant sont dans les mêmes principes ; les deux premiers ont taillé la face denticulaire. Barbaro a fait pencher les faces de son architrave.

ALBERTI offre un bon ensemble dans son entablement pour un second ordre. Son chapiteau est original par le tailloir, dont la face est à-plomb de l'architrave et du fût de la colonne. Les volutes sont peut-être un peu fortes, et la base trop riche. Serlio présente à peu près la même intention dans un second chapiteau Ionique.

TRACÉ DE VOLUTES IONIQUES.

PLANCHE XXXI.

Cette planche présente deux manières de tracer les volutes Ioniques. La première est de Palladio (3), et la seconde est celle de Vignole.

(1) Cette base ne paraît pas être terminée : c'est un assemblage de moulures qui n'ont entre elles ni rapport ni proportions. Il n'est point naturel de voir le fort supporté par le faible, comme on voit ici le gros tore ayant pour soutien de petites baguettes et de minces filets.

(2) Livre 3, chapitre 3, planche 19, traduction de C. Perrault.

(3) La manière de tracer la volute Ionique remonte au temps de Palladio, qui paraît, le premier, l'avoir mise en pratique. Cette manière, cependant beaucoup plus ancienne, mais jusque-là tout à fait ignorée ou perdue, fut retrouvée par lui parmi des fragments antiques, dans un chapiteau de cet ordre seulement ébauché, et dont tous les points de centre de la spirale étaient encore marqués tels que nous les avons de lui.

PLANCHE XXXII.

Le tracé des volutes Ioniques de cette planche est tiré, pour la première, de Vignole (1), et, pour la seconde, de Goldmann.

NOMS DES MOULURES DE L'ORDRE IONIQUE DE VIGNOLE.

De la corniche..

A. Réglet.
B. Cymaise.
C. Listel.
D. Talon taillé de rais de cœur.
E. Larmier.
F. Mouchette pendante.
G. Quart de rond taillé d'oves.
H. Baguette taillée d'olives et d'amandes.
I. Listel, ou listeau.
K. Denticules.
L. Métochés.
M. Talon taillé de feuilles de persil ou d'acanthe.

De la frise.

N. Frise ornée de griffons, vases et candélabres.

De l'architrave.

O. Réglet.
P. Talon taillé de trèfles ou d'arceaux.
Q. Grande face, ou bande.
R. Moyenne face, face du milieu, ou bande.
S. Petite face, ou bande.

Du chapiteau.

T. Réglet.
U. Talon taillé de rais de cœur.
V. Listel des volutes.
X. Bande, ou canal des volutes.
Y. Quart de rond taillé d'oves.
Z. Coques, ou eschines et dards entre les coques.
W. Gousse.

De la colonne.

a. Astragale.
b. Ceinture, ou orle.
c. Cannelures, au nombre de vingt-quatre, creusées en demi-cercle et à côtes.

d. Vif de la colonne.
e. Vif de la colonne.
f. Cannelures carrées par le bas.

De la base.

g. Ceinture, ou orle.
h. Tore et listel au dessous.
i. Scotie.
k. Baguettes et listels dessus et dessous.
l. Scotie et listel au dessous.
m. Plinthe, ou socle de la base.

Du plan, du profil et de la coupe du chapiteau.

n. Réglet.
o. Coussinets, ou balustres (Profil et plan des).
p. Coupe des coussinets prise par le milieu suivant le plan.

Du piédestal.

q. Talon couronné de son réglet.
r. Larmier.
s. Quart de rond.
t. Baguette et son listeau.
u. Dé.
v. Baguette et son listel.
x. Doucine, ou cymaise renversée.
y. Filet.
z. Plinthe, ou socle.

De l'imposte et de l'archivolte.

a. Réglet.
b. Talon taillé de rais de cœur.
c. Face, ou larmier.
d. Quart de rond taillé d'oves.
e. Baguette et son listel.
f. Grande face, ou bande.
g. Petite face, ou bande.
h. Réglet.
i. Talon taillé d'arquettes.

---

(1) Cette manière de contourner les volutes Ioniques, par Vignole *, peut s'appliquer à toutes celles dont les règles ne seraient pas établies. Il suffira, partant du centre de l'œil de la volute, d'en mesurer le contour, passant par les points marqués sur celle gravée d'après lui sur la planche. C'est ainsi que nous avons opéré pour contourner celles des temples sur l'Ilissus et de Minerve Poliade.

* C'est par erreur que, dans les deux précédentes éditions, *la première de 1819*, et *la seconde de 1825*, la manière de contourner cette volute a été attribuée à Daviller; elle appartient à Vignole.

ORDRES CORINTHIENS

TIRÉS DES MONUMENTS DE LA GRÈCE.

Les proportions que Vitruve assigne au chapiteau Corinthien ne nous offrent rien de bien positif qui puisse les justifier. Les chapiteaux que nous donnons ici sont tirés de monuments grecs, comparés à ceux des Romains. Leur forme, leur ensemble, présentent bien en quelque sorte un principe général; mais la nuit des temps, qui couvre tout de son voile épais, nous cachant le principe réel, pour ne rien donner au hasard et sans appui, nous avons dû ne présenter que les exemples qui vont suivre.

DE LA LANTERNE DE DÉMOSTHÈNE A ATHÈNES [1].

PLANCHE XXXIII.

On pourrait considérer le chapiteau des colonnes de ce monument comme un des premiers motifs de l'ordre Corinthien, du moins pour la forme de son tailloir et l'intention de ses volutes; mais l'originalité de ce chapiteau, qui a quelque chose du style arabe, ne peut guère convenir que pour un petit monument, tel que celui auquel il est adapté. L'ornement qui couronne le larmier de la corniche le termine d'une manière qui contraste parfaitement avec la simplicité de ses moulures. La frise, enrichie d'un bas-relief, fait d'autant mieux aussi, que l'architrave est de même très-simple. On serait fort porté à croire que les entablements de plusieurs temples grecs, et même romains, étaient surmontés d'ornements à peu près semblables à celui qu'on voit au dessus de la corniche de la lanterne de Démosthène.

DE L'ENCEINTE DU TEMPLE DE JUPITER OLYMPIEN A ATHÈNES [2].

PLANCHE XXXIV.

L'ordre Corinthien que l'on voit dans cette planche est tiré de l'enceinte d'un temple d'Athènes, connu sous le nom de Jupiter Olympien, ou de Junon Lucine. La forme du chapiteau est simple; les angles de son tailloir sont aigus; la base des feuilles au dessus de l'astragale se dessine sur un petit congé qui leur sert comme de lien, et elles paraissent en sortir. Celles du second rang sont retenues aussi par une espèce de bandeau. Les caulicoles sont soutenus par une tigette dont la forme flexible paraît naturelle : tout cela réuni démontre-t-il l'origine de l'ordre? Cet édifice, qu'on attribue à la magnificence d'Adrien, a-t-il été imité, pour ses

(1) Ce monument fut érigé par Lysicrate, dont il portait le nom plus anciennement.
(2) Tome Ier, chapitre 5, planche 24, traduction française de l'Œuvre de Stuart.

détails, de ce qui pouvait exister alors des beaux temps de la Grèce? C'est ce qu'on n'entreprendra pas de résoudre. Le frontispice de Néron (1) serait donc plus ancien ; son entablement a beaucoup de rapport au précédent ; seulement il est profilé dans la manière des Grecs. On a dû, malgré cette incertitude, le placer dans cet ouvrage au moins comme objet de comparaison , ainsi que ceux qui vont suivre, avec lesquels il a beaucoup de ressemblance.

DE L'INCANTADE A SALONIQUE (2).
ET DE L'ARC DE THÉSÉE A ATHÈNES (3).

PLANCHE XXXV.

Cet édifice (l'Incantade), d'après la tradition, paraîtrait plus ancien que le précédent. Les volutes du chapiteau ne sont que recourbées, sans aboutir à un centre. Les feuilles du second rang, qui se lient entre elles, donnent naissance à la tigette des caulicoles, qu'elles retiennent naturellement. A chaque refend des grandes feuilles dentelées de cinq petites feuilles , la première du second rang, comme de celui qui suit, se contourne et s'évide en passant près de la pointe de celles qu'elle surmonte, et non dessous. La rose ne dépasse pas l'épaisseur du tailloir, et n'est pas non plus soutenue par une tige appuyée sur la grande feuille du milieu. Toutes ces particularités sont-elles des indices de l'origine? C'est ce qu'il serait difficile d'affirmer. Les Romains ont refendu davantage leurs feuilles, aussi au nombre de cinq; ils ont orné les tigettes, dessiné plus agréablement leurs caulicoles, terminé les volutes, en sorte que la spirale ressort souvent hors d'elle-même, comme on le voit aux chapiteaux de l'intérieur du Panthéon (4). Ils ont enfin perfectionné l'ensemble de l'ornement, sans rien ajouter à l'invention. L'entablement semble appartenir particulièrement à cet ordre (5), comme celui du temple sur l'Ilissus à Athènes a le sien, ainsi que le Dorique du Parthénon. Toutes les saillies des moulures lèvent par-devant; deux des bandes de l'architrave saillent en avant par le bas, et celle du milieu est droite; la base de la colonne est attique.

L'arc de Thésée, qui, par suite, porta le nom de l'arc d'Adrien, et qui fut sans doute restauré par lui, est encore un monument d'origine grecque; sa destination est bien exprimée. C'est en effet sous un arc que l'on passe, et non sous une arcade. Quant au style de l'architecture qui le compose, il pouvait être fort beau dans le temps; il serait peut-être désapprouvé aujourd'hui. Le chapiteau a beaucoup d'analogie avec le précédent; seulement chaque refend des grandes feuilles n'est découpé que de trois petites dentelures. Deux plus petites, courbées en crochet, forment l'œil des tuyaux dont elles sortent. Elles paraissent imitées de la feuille d'acanthe. Le tailloir, comme les deux précédents, se termine en pointes aiguës. La rose descend jusque sur la lèvre du vase; elle est soutenue par une tige qui prend sa naissance derrière la grande feuille du milieu. L'entablement est le même que celui que l'on trouve employé indifféremment, ou avec très-peu de variétés, pour l'Ionique comme pour le Corinthien.

(1) Voyez planche 42.
(2) Tome III, chapitre 2, planche 47, traduction française de Stuart.
(3) Tome III, chapitre 3, planche 24, trad. idem.
(4) Voyez planche 39.
(5) Ce n'est ici qu'une conjecture, Vitruve n'en reconnaît pas.

DES ORDRES CORINTHIENS ROMAINS

Si les architectes grecs n'avaient pas imaginé d'entablement propre à l'ordre Corinthien, comme le prétend Vitruve, et s'ils avaient employé indifféremment celui qu'ils avaient adopté pour l'Ionique, en le plaçant sur ce troisième ordre, comme ce qui nous en reste encore paraît le prouver (1), les Romains auraient alors toute la gloire d'une aussi belle invention. En effet, que pouvait-on composer de plus noble et d'aussi susceptible d'être orné (2), ou d'être employé simplement, tel qu'on le voit au portique du Panthéon (3), sans rien perdre de la noblesse et du bel effet qu'il produit? Si la gloire des Grecs, dans cet art, est impérissable, celle des Romains y doit être attachée. Ceux-ci ont sans doute imité les premiers, mais non pas d'une manière servile. L'architecture romaine porte un caractère qui lui est propre. Si la simplicité de celle des Grecs atteste leurs mœurs et leurs lois, celle des Romains nous montre également l'état de grandeur auquel ils étaient parvenus.

DES TROIS COLONNES DU TEMPLE DE JUPITER STATOR.

PLANCHE XXXVI.

Ces trois colonnes et une partie d'entablement, seuls restes d'un temple dédié à Jupiter Stator (4), sont d'un ensemble mâle et sévère. La partie inférieure de la corniche tient du style grec. L'ornement de l'une des bandes de l'architrave paraît moins heureusement adapté. Le chapiteau est d'une belle proportion, riche dans toutes ses parties, et produit le plus bel effet. La base est dans les mêmes rapports. Les modillons tombent d'aplomb sur le milieu des colonnes, ainsi que les denticules, et tous les autres ornements suivent régulièrement cette division. C'est peut-être le seul entablement antique où cette régularité se fasse remarquer.

DU TEMPLE DE JUPITER TONNANT.

PLANCHE XXXVII.

Le luxe du siècle d'Auguste et sa magnificence se déploient sur ce qui reste de ce temple, bâti par lui, et dédié à Jupiter Tonnant. Toutes les moulures qui composent l'entablement sont ornées, même le larmier et la bande sur laquelle sont appuyés les modillons. Le quart

---

(1) Si toutefois le portique de l'enceinte du temple de Jupiter Olympien à Athènes ne remonte pas plus haut qu'Adrien. Voyez planches 34 et 42.

(2) Voyez planches 36 et 37.

(3) Voyez planches 38 et 39.

(4) Que l'on croit aujourd'hui avoir été celui de Gastor et Pollux.

de rond et les oves qui sont placés sous ces mêmes modillons sont peut-être un peu prononcés, ce qui rend les ornements des autres moulures un peu petits. Quoique le larmier ne soit pas recouvert par une cymaise, il est cependant probable qu'il en existait une, et que la face principale du temple était couronnée par un fronton. La partie supérieure du chapiteau est très-élégante; les deux rangs de feuilles sont peut-être un peu trop évasés.

DU PORTIQUE DU PANTHÉON, OU DE LA ROTONDE.

PLANCHE XXXVIII.

L'ordre Corinthien du portique du Panthéon à Rome a de tous les temps fixé les regards et obtenu l'assentiment des architectes. Ils sont tous convenus qu'il est le plus beau et le mieux raisonné dans ses proportions. A l'extérieur, la face denticulaire dans la corniche, sous les modillons, n'est point taillée, non plus que dans l'intérieur. Est-ce un ornement jugé superflu, un style propre à cet ordre, ou l'idée de l'architecte qui l'a construit? Les Grecs avaient taillé cette partie; les Romains, avant et après l'époque où cet édifice fut érigé, l'ont orné de denticules (1); mais comme ce portique, ruiné par le tonnerre, fut réédifié par Sévère et Marc-Aurèle (la rotonde remontant au règne d'Auguste), il est possible que l'architecte judicieux, n'ayant vu ce détail à aucune des corniches dans l'intérieur, n'ait pas jugé convenable de tailler cette partie pour mettre le même rapport entre l'extérieur et l'intérieur.

DE L'INTÉRIEUR DU PANTHÉON.

PLANCHE XXXIX.

Le grand ordre de l'intérieur de la rotonde a quelque chose de particulier par rapport à celui de l'extérieur. Dans le premier, le larmier et la cymaise de la corniche sont beaucoup plus minces, la face denticulaire est beaucoup plus forte, et toutes les saillies des moulures, ainsi que celles des bandes de l'architrave, lèvent par le devant, et ces dernières sont plus saillantes dans leur partie inférieure. Le chapiteau, quoique un peu différent par sa forme et par ses volutes, n'en est pas moins d'un beau caractère. Les cannelures des colonnes, depuis la base jusqu'au tiers de leur fût, ne sont pour ainsi dire qu'indiquées, étant remplies par une plate-bande qui se termine en talus à cette hauteur (2).

Nous avons indiqué, par la moitié du diamètre au haut du fût, la baguette saillante au milieu de la côte des cannelures appartenant aux colonnes de la chapelle en face de la porte d'entrée, l'autre moitié étant celle de l'ordre des autres chapelles.

Le chapiteau du pilastre, fait sur la hauteur des proportions de celui de la colonne, n'est là que par comparaison, relativement aux mesures du chapiteau réel, dont les côtes indiquent que les anciens avaient judicieusement pensé qu'il fallait plus de hauteur aux feuilles du pilastre, comme étant plus large que le chapiteau de la colonne (3).

(1) Vitruve (livre 4e, chapitre 3), remontant à l'origine de l'art, dit que les modillons et les denticules sont deux ornements incompatibles dans une même corniche, et que les Grecs ont leurs mutules seuls, ou leurs denticules seules, pour chaque corniche.

(2) Voyez planche 59.

(3) Les chapiteaux des pilastres du portique du même édifice sont plus hauts de près de deux parties que ceux des colonnes (voyez planche 38), mais peut-être aussi ces pilastres faisaient-ils partie de l'ancienne construction, ce que les cannelures de leur fût paraîtraient indiquer; nous appuyons même cette opinion sur ce que cette différence n'existe pas aux chapiteaux des pilastres dans l'intérieur.

DE L'ORDRE CORINTHIEN DE LA PLACE OU DU FORUM DE NERVA.

PLANCHE XL.

Cet ordre nous donne une haute idée de la magnificence romaine. Quand on considère qu'une simple enceinte était ainsi ornée, on se demande quelle pouvait être la richesse du temple qui y était renfermé. Le système des moulures dans l'entablement et l'architrave est le même que celui du portique du Panthéon; mais ici les moulures sont ornées, la face denticulaire en est taillée, et quelques proportions de détails en font toute la différence. Les figures en bas-relief dont la frise est composée représentent des travaux de manufactures dirigés par Minerve. Cette sculpture est de la plus grande beauté. Le chapiteau est aussi d'un fort bel effet.

Ce reste de monument étant à moitié enterré, et attenant à des constructions dans lesquelles il se trouve engagé, on ne connaît point la base des colonnes (1).

DU TEMPLE D'ANTONIN ET DE FAUSTINE.

PLANCHE XLI.

Si la proportion de la colonne, la forme de son chapiteau et de sa base déterminent l'espèce d'ordre auquel elle appartient, celle-ci sans doute est Corinthienne; mais si l'on compare son entablement à celui du portique du Panthéon, on verra qu'ils ne se ressemblent que sous très-peu de rapports, et cela prouvera au moins que le composé des membres et des moulures que supportent des colonnes peut être purement idéal, en se renfermant toutefois dans les proportions générales, avec des ornements qui puissent suppléer au manque des parties, qui forment l'ensemble d'un entablement Corinthien complet.

DU FRONTISPICE DE NÉRON.

PLANCHE XLII.

Voici un second exemple du même genre que le précédent; mais quelle fermeté, quel nerf dans la composition de l'ensemble de cet entablement! Quelle belle masse de résistance il présente aux injures du temps! Aussi conviendrait-il parfaitement pour l'extérieur d'un édifice capital. Il ne reste que quelques fragments de ce frontispice, et un seul pilastre, remarquable par trois feuilles de face au premier rang, et deux au second (2). Ce pilastre, que nous avons représenté en masse par moitié, est diminué par le haut comme une colonne, et c'est sur la coupe de son profil que nous avons hasardé d'établir un chapiteau de colonne (3).

(1) Pour faire voir jusqu'à quel point on peut enrichir l'ordre Corinthien, nous aurions pu ajouter le trait de cet ordre, tiré des Thermes de Dioclétien, dont Chambray, dans son Parallèle, nous donne la gravure d'après Piro-Ligorio; mais ne pouvant compter sur la correction de l'ensemble et des détails, d'après l'ordre Dorique du théâtre de Marcellus et de celui de la Fortune Virile, qu'il donne, et qui ne sont rien moins qu'exacts, nous avons cru devoir nous en abstenir, quoique nous nous soyons montré moins difficile pour l'Ionique des mêmes Thermes, que nous connaissions d'ailleurs.

(2) Le même exemple du chapiteau de pilastre se voit aux Thermes de Dioclétien.

(3) Ce chapiteau de pilastre a six parties trois quarts de hauteur de plus que ceux du portique du Panthéon. On ne fait cette remarque que parce que le fût du pilastre a la même largeur sous l'astragale que la colonne devait avoir de diamètre. Il faut sans doute que cette différence de proportion provienne de la grande élévation des colonnes, dont le diamètre, pris au dessus de la base, était de six pieds; c'est un des plus gigantesques que les Romains aient exécutés à Rome.

DE L'ARC DE CONSTANTIN.

PLANCHE XLIII.

L'entablement de cet arc paraîtra irrégulier si on le compare à ceux du Panthéon. Son larmier est très-petit, sans cymaise au dessus; la bande sur laquelle sont appuyés les modillons est beaucoup plus haute que leur face; et ses moulures, fortement prononcées, n'ont pas cette harmonie que nous offrent les exemples précédents. Cet édifice passe pour avoir été construit des débris d'un monument beaucoup plus considérable. Le manque de cymaise paraîtrait l'indiquer, ainsi que le soffite de l'architrave, dans lequel le tailloir du chapiteau des colonnes est entré de plusieurs parties. Toutes les saillies des moulures lèvent par devant, ainsi que les bandes de l'architrave, qui elles-mêmes saillent par le bas. Les cannelures des colonnes sont de la même manière que celles de l'intérieur de la rotonde; le chapiteau a de la fermeté.

DU TEMPLE DE MARS VENGEUR,
ET DE LA BASILIQUE D'ANTONIN A ROME.

PLANCHE XLIV.

La corniche de l'entablement, dans ces deux édifices, est totalement ruinée. Il ne reste sur les colonnes du temple de Mars, au nombre de trois, et qui elles-mêmes sont enfouies presque jusqu'au tiers de leur fût, que l'architrave et une partie de la frise. Sur celles de la basilique, l'architrave, la frise et une partie de la corniche se voient encore à peu près telles que nous les avons représentées. Ce n'est donc en partie que pour les chapiteaux, si différents par leur forme, que nous en avons fait une planche.

Au chapiteau du temple de Mars les feuilles sont modérément saillantes, et chaque refend n'est découpé que de quatre feuilles d'olives, et seulement de trois par chaque côté à la naissance des caulicoles qui soutiennent les volutes (1). Ce chapiteau a quelque chose de large et d'une simplicité noble et élégante dans son ensemble, qui termine bien la colonne.

Celui de la basilique, au contraire, est très-évasé, sortant outre mesure de son aplomb; les volutes sont petites et débordent le tailloir. Il ne peut produire un heureux effet vu diagonalement; il rend l'aspect du fût de la colonne, à son extrémité, comme étranglé et insuffisant pour le supporter.

Remarque.

Il y a une grande variété dans les chapiteaux Corinthiens antiques. Chaque architecte, sans avoir osé s'écarter des grandes proportions reçues pour les composer, semble avoir ajusté celles des détails suivant son goût, ce qui en rend le choix difficile.

Les plus appréciés sont ceux du Panthéon, du temple d'Antonin et de Faustine, du temple de Jupiter Stator, du temple de Mars Vengeur, et quelques autres qui, sans être même parfaitement Corinthiens, en ont toute la grâce et la légèreté.

(1) Les feuilles du chapiteau du temple de Vesta, à Rome, sont de la même manière.

ORDRES CORINTHIENS MODERNES.

Après avoir vu une partie des restes magnifiques des ordres Corinthiens de la Grèce et de l'antique Rome, la variété et le goût avec lesquels, plus particulièrement, les architectes romains de ce temps surent les mettre en œuvre, nous allons présenter le parti qu'en ont, tiré plusieurs architectes célèbres dans le siècle de la renaissance des beaux-arts. Avec le même but, quelle différence cependant ils ont mise dans la combinaison des détails, dans la proportion et la disposition générale de l'ensemble!

ANDRÉ PALLADIO.

PLANCHE XLV.

Palladio n'a donné que neuf diamètres et demi de hauteur à sa colonne. Son entablement est du cinquième de la colonne. Il est profilé d'une manière pure et délicate; mais les profils de son imposte et de son piédestal semblent être d'une autre main (1). Sa base, qui est celle attique augmentée de tondins ou baguettes au dessus et au dessous de la scotie, ainsi qu'au dessus du tore supérieur, paraît un peu compliquée. On pourrait supprimer la baguette qui est au dessous du tore supérieur. Ses colonnes étant plus courtes, il a mis plus d'espacement entre elles. Nous pensons que cet ordre réussirait parfaitement pour les palais, les maisons particulières un peu importantes qui n'exigent pas une grande dimension, et laisserait jouir alors de toute la finesse et du goût épuré dont son auteur a donné tant d'autres preuves.

VINCENT SCAMOZZI.

PLANCHE XLVI.

L'entablement de Scamozzi n'a pas la même pureté; il semble avoir dédaigné de suivre ses modèles, et, même en s'en approchant, il les déguise. Il a privé tout-à-fait de lumière ses modillons par la saillie de son larmier (2). Au lieu de la face denticulaire, il a substitué de fortes moulures, dont les profils font l'effet d'être renversés l'un sur l'autre, ou d'avoir besoin de leurs secours mutuels pour se supporter. Son architrave est dans le même goût, mollement profilée. En général, on n'a guère vu que cette manière ait eu l'assentiment d'un grand nombre d'architectes.

(1) Ils sont trop matériels, en admettant même que les moulures inférieures dussent présenter plus de fermeté par rapport au corps solide auquel elles appartiennent, et en raison de la masse élevée au dessus d'elle.

(2) L'étude du tracé des ombres dans l'architecture est une partie essentielle; c'est par la portée des ombres que l'on se rend compte des effets que doivent produire les saillies sur les corps ou les arrière-corps qu'elles excèdent. Voyez notre *Méthode abrégée des Ombres dans l'Architecture*, à l'usage des élèves dans cet art, ouvrage faisant suite à notre *Vignole des Architectes;* 1827.

J. BAROZZIO DE VIGNOLE.

PLANCHE XLVII.

Vignole ne profile pas toujours dans la manière des anciens. Il semble qu'il laisserait à désirer un peu plus de force au réglet qui couronne la cymaise au dessus du larmier de la corniche, ainsi qu'à celui au dessus du grand talon de l'architrave. Il faudrait peut-être aussi diminuer la saillie de la corniche de deux parties (d'après son échelle, dont le module est divisé en dix-huit parties), ce qui remettrait les caissons qui sont sous le larmier entre les modillons, à peu près dans la forme carrée, qui est la plus naturelle. Cette diminution, prise aux dépens des modillons, ne changerait rien à leur division ni à l'ordonnance des autres moulures. Les autres profils sont bien conçus, et ont eu beaucoup d'imitateurs. Son chapiteau aurait plus de grâce si les feuilles du second rang étaient moins saillantes; mais Vignole dit lui-même qu'il a consulté les différents auteurs, rarement d'accord entre eux, et ensuite les monuments antiques, autorité plus respectable sans doute; mais que, ceux-ci variant beaucoup dans leurs rapports même les plus apparents, il n'a vu d'autre moyen que d'établir une règle fixe, et que c'est ainsi qu'il a formé des parties des uns et des autres un ensemble raisonné auquel il a soumis les cinq ordres que nous avons de lui.

Remarque.

Sans doute on doit beaucoup à Vignole pour le résultat de ses recherches, mais il s'en est suivi un abus tel, que, sans distinction de masses ou de proportions, les ordres de Vignole ont été employés partout, plutôt par routine que par jugement, et sont devenus en quelque sorte le type ou le régulateur de l'architecture, au mépris ou au plus profond oubli des sources mêmes où il avait puisé. Mais comme cet ouvrage mettra à même de les comparer sans beaucoup de recherches, les différences y paraîtront tellement sensibles, qu'elles conduiront naturellement à une étude dont les résultats seront plus satisfaisants.

SERLIO ET ALBERTI.

PLANCHE XLVIII.

Il est évident que Serlio n'a suivi que le sentiment de Vitruve dans cet ordre. La proportion de sa colonne, celle de son chapiteau, dont les feuilles sont d'acanthe (1), son entablement Ionique même, auquel il n'a ajouté qu'une moulure sous le larmier en l'agrandissant un peu, ne décèlent pas l'homme qui passe cependant pour avoir eu un génie supérieur. On pourrait employer cet ordre avec quelque succès pour l'encadrement des portes et des croisées.

Alberti, qui a pris ses modillons aux dépens de la face du larmier, n'est pas sans autorité dans l'antique (2); mais ces mêmes modillons paraissent être collés sous le talon continu qui les couronne. Du reste, son profil est assez pur; son chapiteau est court aussi, et quoique

---

(1) Vitruve ne donne que deux modules de hauteur à son chapiteau, y compris le tailloir.

(2) Voyez, planche 57, la corniche du temple de la Paix; et, planche 58, la corniche du troisième ordre du Colisée, à Rome.

sa colonne, comme celle de Serlio, n'ait que neuf diamètres de hauteur, il pourrait être employé de même avec succès en second ordre. Il faudrait peut-être en rétrécir les modillons, et tailler la face denticulaire (1).

Remarque.

On doit observer que les chapiteaux des auteurs modernes ont une physionomie différente de celle des chapiteaux Corinthiens antiques, parce qu'en suivant les préceptes de Vitruve, les modernes ont divisé l'espace entre l'astragale et le tailloir en trois parties égales : la première et la seconde pour les deux rangs de feuilles, et la troisième pour les volutes et les caulicoles; au lieu que dans les chapiteaux antiques, on ne rencontre aucune règle de cette sorte, les feuilles du second rang ayant presque toujours moins de hauteur que celles du premier. La même différence se remarque dans les chapiteaux Composites qui vont suivre.

NOMS DES PRINCIPALES MOULURES ET AUTRES ORNEMENTS DE L'ORDRE CORINTHIEN DE VIGNOLE.

NOTA. La forme et les noms des moulures étant les mêmes pour tous les ordres, et ne variant que dans leurs combinaisons, nous nous dispenserons d'en donner ici une nouvelle nomenclature; nous indiquerons seulement les noms des formes et des ornements, ou de tous autres membres qui sont propres à l'ordre Corinthien. Nous en ferons de même pour l'ordre Composite.

PLANCHE XLVII.

De la corniche.

A. Cymaise sur laquelle saillent des mufles de lions servant de gouttières.
B. Modillons.
C. Profil des modillons.
D. Bande servant de fond aux modillons.
E. Pomme de pin pour remplir le retour d'équerre des denticules.

De la frise.

F. Frise ornée d'un bas-relief.

De l'architrave.

G. Architrave dont toutes les moulures qui séparent les bandes sont ornées de sculptures.

Du chapiteau.

H. Tailloir, ou abaque.
I. Rose.
K. Grandes volutes.
L. Petites volutes, ouh élices.
M. Caulicoles et leurs tigettes.
N. Feuilles des caulicoles supportant les volutes.

O. Grandes feuilles) dont les refends sont taillés
P. Petites feuilles) en feuilles d'olives.
Q. Vase ou tambour sur lequel sont appuyés les feuilles, les volutes et les caulicoles.
R. Lèvres du vase.
S. Culot duquel sort la tige qui, passant derrière les volutes, supporte la rose I.

Coupe du chapiteau.

T. Profil du vase, de la lèvre et de la rose.
U. Ligne sur laquelle est assujettie la saillie des feuilles et des volutes.

Plan du chapiteau.

V. Volutes sortant de la tigette.
X. Disposition des caulicoles au dessus de la tigette contenant les volutes.
Y. Plan du tailloir, du vase et des cannelures, qui sont au nombre de vingt-quatre.
Z. Plan de la saillie et de la disposition des feuilles.
W. Saillie de la rose.

(1) Les ordres Corinthiens de Catanéo et de Barbaro ne méritent pas, suivant nous, d'être cités.

ORDRES COMPOSITES ANTIQUES ET ROMAINS.

On a longtemps discuté pour savoir si l'on devait faire une cinquième classe de l'ordre Composite, ou si on le placerait entre l'Ionique ou le Corinthien, ou si, sans aucune dénomination, on l'abandonnerait au goût ou à la convenance de quelques monuments. Nous ne croyons pas que les Romains aient jamais eu la pensée de déterminer le classement des ordres; et de même que les Grecs, pour le chapiteau Corinthien, ils n'ont point affecté d'entablement particulier au chapiteau Composite. On ne voit à Rome que trois ordres antiques bien distincts : le Dorique, l'Ionique et le Corinthien; mais leur composé, que Palladio et Scamozzi nomment romain, et que depuis, pour dénomination plus directe, on est convenu d'appeler Composite, pourrait, à la rigueur, former un quatrième ordre. Cet ordre hermaphrodite, si l'on peut employer cette expression, n'a jamais été mis en œuvre par eux d'une manière bien capitale, si ce n'est aux arcs de Titus et de Septime-Sévère; et quoique sa forme soit agréable, il convient mieux en effet pour les intérieurs, vu qu'on peut augmenter ou modifier l'entablement qui le couronne.

DE L'ARC DE TITUS A ROME.

PLANCHE XLIX.

Voici, dans l'arc de Titus, un troisième exemple que l'entablement ne constitue pas toujours l'ordre, puisque sur un chapiteau Composite, nommé ainsi parce qu'il est mi-partie Ionique et mi-partie Corinthien, cet entablement est purement Corinthien. Ces sortes de chapiteaux, de l'invention des Romains, qui n'ont point l'élégance ni de l'un ni de l'autre, ne sont cependant pas sans grâce. Ce chapiteau de l'arc de Titus paraît avoir été le premier ajusté dans ce style. Outre son origine, il a encore l'avantage d'avoir conservé sa supériorité sur tous ceux qui ont été faits depuis à son imitation. On peut indifféremment l'orner avec des feuilles d'acanthe ou d'olivier (¹), et c'est d'après l'examen le plus scrupuleux que, malgré son état de vétusté, il a été reconnu être taillé de ce feuillage, et que nous nous sommes permis de le tracer ainsi, sans du reste changer en rien le galbe de ses feuilles ni de sa forme apparente.

(1) La feuille de laurier pouvait aussi convenir à ce genre d'édifice.

DE L'ARC DE SEPTIME-SÉVÈRE.

PLANCHE L.

L'entablement de cet arc est bien distinct du Corinthien et de l'Ionique, et, quoique participant de tous les deux, il forme un tout ensemble qui lui assigne plus justement sa place après eux, pour le rapporter au quatrième ordre des Romains. La corniche est d'un style ferme, mais demanderait un peu plus de saillie. Même défaut de développement, dans un autre sens, pour la frise, qui, par son peu de hauteur, doit paraître moins grande que la face de l'architrave, qui est forte elle-même par rapport à celle qui est au dessus du chapiteau. Les quarts de rond et les talons sont renflés, à la manière des Grecs, pour leur donner sans doute plus de relief. Plus de distance de la face du larmier à celle des denticules, et la frise proportionnée à l'architrave, en rendraient, suivant nous, l'ensemble satisfaisant. Le chapiteau est d'une belle forme; mais celui de l'arc de Titus paraît lui avoir été préféré par les architectes modernes, pour la naissance des volutes qui y sont adaptées plus naturellement.

Le profil de l'attique est gravé planche 58.

DES THERMES DE DIOCLÉTIEN.

PLANCHE LI.

La richesse et l'ensemble de cet entablement nous ont engagé à le donner aussi pour exemple. C'est surtout dans ces sortes d'édifices que la magnificence des empereurs romains se déployait. Tableaux, statues, ornements de tous les genres y étaient réunis avec profusion, et toujours disposés avec goût. Cet entablement est tiré de la grande salle de cet édifice (1). On y remarque une singularité, c'est que dans cette même pièce, sur huit colonnes qui la décorent, quatre sont Corinthiennes, celles des angles, et les quatre autres sont Composites. L'entablement, très-orné, serait Corinthien sans le double larmier que supportent les modillons, ce qui, malgré ce détail, nous a fait balancer si nous ne devions pas le ranger à cet ordre; mais le chapiteau Composite, qui déjà se trouve sous un entablement du même genre, nous a cependant déterminé, en ce que les exemples en sont plus rares, et que celui-ci a une physionomie différente des autres. Le tailloir en est orné et plus saillant, les volutes plus petites, et les feuilles plus rapprochées du vase (2).

(1) Aujourd'hui église du couvent des Chartreux.

(2) Depuis Desgodetz, que nous avons beaucoup consulté pour l'ensemble des ordres Corinthien et Composite, si quelques erreurs ont été rectifiées par diverses architectes, elles étaient toujours peu importantes. Il est impossible que parmi tant de détails il n'en échappe pas toujours quelques-uns. Palladio semblerait, suivant lui, s'être attaché plutôt à développer l'ensemble des édifices de Rome, qu'à en tracer exactement les profils. Les rapprochements que nous avons faits ici, d'après eux et d'autres auteurs, avec les fragments antiques que nous devons en grande partie au zèle et au goût de l'antique d'un professeur de cet art*, et dont les connaissances et les avis nous ont été d'un grand secours, nous ont facilité dans notre travail.

* Dufourni, architecte, membre de l'Institut, et professeur d'architecture à l'École royale des Beaux-Arts, mort en 1818.

ORDRES COMPOSITES MODERNES.

Lorsque, après la renaissance des beaux-arts, celui de l'architecture eut jeté quelque éclat, il retomba bientôt dans la barbarie. L'on voit encore mille œuvres du génie en délire de ces temps, parmi lesquelles on remarque surtout les bizarreries du Boromini, et de quelques autres qu'il est inutile de nommer. Ces frontons coupés, formant des volutes auxquelles étaient suspendues des guirlandes, ces architraves ressautées, les chapiteaux Composites dénaturés, les festons contournés, toujours heurtés par des angles, prenant la place des enroulements, ou de tant d'autres ornements si beaux dans l'antique, amenèrent la corruption du goût dans les détails, l'oubli des principes ; et la peinture même, et tout ce qui dépendait de l'art du dessin, se ressentit de cette funeste influence. Quelques artistes français, depuis, dont le génie heureux sut en imposer, ramenèrent peu à peu aux principes du beau, et parvinrent à changer totalement ce mauvais style. L'architecture, la peinture et la sculpture, ne pouvant surpasser l'antique, savent aujourd'hui l'apprécier, et marchent en s'appuyant sur lui.

COMPOSITE DE PALLADIO.

PLANCHE LII.

Palladio, qui paraît avoir composé son entablement ou d'après celui du portique de l'enceinte du temple de Jupiter Olympien à Athènes, ou d'après celui du frontispice de Néron à Rome, a peut-être donné le caractère propre à l'ordre Composite, par rapport à son ordre Ionique. Si la frise bombée, qui saille par le haut de quatre parties sur sa base, n'est pas pour la pureté une chose dont on puisse s'autoriser, il est au moins facile de voir qu'il n'a usé de ce moyen que pour la division de ses doubles modillons dans la corniche, voulant, en même temps qu'il s'en trouverait un aplomb sur l'axe de la colonne, conserver au plafond du larmier l'espace nécessaire pour y placer des caissons réguliers. Son chapiteau est d'un style soutenu ; mais sa base, dont la baguette au dessus du premier tore est trop forte, et le tore inférieur trop petit, peut aisément être rectifiée. Elle a trente et une parties et demie de hauteur, et sa colonne dix diamètres.

COMPOSITE DE SCAMOZZI.

PLANCHE LIII.

Scamozzi semble avoir puisé à la même source ; son entablement a quelque chose de moins sévère, de trop détaillé. Il y a introduit la face denticulaire non taillée, qu'il n'avait pas adoptée pour le Corinthien. Cette partie, prise aux dépens des doubles modillons, les fait paraître courts. Son chapiteau, sa base ornée même, ne sont pas sans grâce. Palladio et Scamozzi ont terminé en amortissement, ou congé prolongé sur la saillie de la corniche de leurs piédestaux, le socle ou plinthe de la base des colonnes pour l'Ionique, le Corinthien et le Composite : ce que Vignole n'a pas adopté, et dont on voit peu d'imitateurs.

COMPOSITE DE J.-B. DE VIGNOLE.

PLANCHE LIV.

Si l'on considère l'entablement de l'arc de Septime-Sévère comme le modèle du Composite, sans doute que Vignole aura le mieux réussi à le caractériser, cet ordre n'étant alors qu'un Ionique enrichi; ayant son autorité dans l'antique, il a régularisé son modèle, il en a tiré tout le parti possible. A la forte moulure placée sous la cymaise, il a substitué celle qui couronne les denticules pour remettre la première à la place de celle-ci. Il a adouci la mouchette pendante sous le larmier, et enfin il en a formé un ensemble qui a été employé de préférence à celui des autres auteurs dans un temps où cet ordre avait une espèce de vogue. Les moulures de sa base, de son piédestal et de son imposte, comme plus rapprochées de l'œil, sont sagement combinées pour être en harmonie avec celles qui les surmontent, ce que quelques auteurs, qui ont très-bien traité le reste, n'ont pas toujours observé ou adopté. En effet, les moulures qui se rapprochent de nous, et n'appartiennent qu'à des corps peu élevés, comme les piédestaux, les stylobates et même les impostes, n'ont pas besoin d'être composés de membres aussi forts que pour les entablements, qui sont toujours à une plus grande hauteur, et susceptibles d'ajustements plus déterminés. Son chapiteau n'est pas mieux que celui de son ordre Corinthien (1); la projection de ses feuilles, qu'il a assujetties de même à une ligne tendue de la saillie de son astragale à celle de la diagonale de son tailloir, et ses volutes même, qui, suivant ce principe, se trouvent trop rentrées sous le tailloir pour échapper à la rencontre du quart de rond qui fait partie du vase, malgré la forme courbe qu'il leur a fait prendre, lui donnent un air rétréci, guindé, et lourd par le haut.

NOMS DES MOULURES ET DES ORNEMENTS DE L'ORDRE COMPOSITE DE VIGNOLE.

De la frise.

A. Frise ornée de rinceaux, qu'on peut faire sortir de la tige servant de queue aux centaures.

Du chapiteau.

B. Volutes angulaires.
C. Feuilles de persil, ou d'acanthe.
D. Fleuron.

Du plan du chapiteau.

E. Côté du chapiteau sans les feuilles, laissant voir la feuille des volutes.

F. Bossage pour tailler le fleuron.
G. Côté de la saillie des feuilles.
H. Côté avec le quart de rond taillé d'ove.
I. Plan du fût de la colonne, des cannelures de la courbure du tailloir.

Coupe du profil.

K. Volute; même opération pour la tracer que celle du chapiteau Ionique.
L. Vase.
M. Ligne ponctuée qui détermine la saillie des volutes et des feuilles.

CARIATIDES DU TEMPLE DE PANDROSE A ATHÈNES.

PLANCHE LV.

Ce temple, contigu à celui de Minerve Poliade et d'Érechthée, présente quatre figures de face, et deux en retour d'équerre derrière celles qui forment angle. On les a nommées Cariatides (2). Elles remplacent les colonnes dont les portiques des autres temples sont formés. Leur tête est surmontée d'un chapiteau qui supporte une corniche sans architrave; mais une espèce de frise, composée de trois bandes, la sépare des chapiteaux. Quelques-uns ont donné le nom d'ordre à ce seul bon exemple que nous ayons dans l'antiquité; mais comment assigner des règles pour une chose purement idéale, qui, trop petite, ne présente qu'un accessoire, et qui, trop grande, devient colossale ou même gigantesque? Les Cariatides du temple de Pandrose n'ont que sept pieds et demi environ (2^m 437^m), et la hauteur totale de l'édifice, y compris le soubassement et les trois gradins qui le supportent, est de dix-huit pieds (5^m 851^m). C'est un de ces modèles dans l'antiquité que l'on peut admirer, mais que l'on trouve rarement moyen d'imiter ou d'employer

(1) Les ordres Corinthiens du Panthéon, qui ont le plus particulièrement servi de modèle à Vignole, lui indiquaient bien en partie cette règle, excepté pour la saillie des grandes feuilles. Voyez les planches 38 et 39.

(2) L'origine de ces statues remonte au temps où les Grecs ont vaincu les Cariates, qui s'étaient joints aux Perses contre eux. Pour perpétuer leur victoire et l'humiliation des Cariates, ils élevèrent des portiques et des galeries où ces figures, tenant lieu de colonnes, étaient représentées dans leur ajustement national.

avec succès; cependant nous avons dû en donner la forme et les détails pour, au besoin, servir de guide. Voyez le frontispice pour l'.dée d'une des figures.

CARIATIDES

DANS L'ANCIENNE SALLE DES ANTIQUES, AU LOUVRE, A PARIS, PAR J. GOUJON.

PLANCHE LVI.

Ces Cariatides sont d'une toute autre manière que celles des Grecs. Elles sont surmontées d'un entablement complet, et servent dans tout leur ensemble d'ajustement à une tribune qui décore la principale entrée de la salle. Elles n'cnt rien de la composition ni de la forme des premières ; elles sont sans bras ; la draperie qui les couvre est serrée sur le nu. Il semblerait que l'artiste eût réalisé par elles l'idée que Vitruve a donnée de l'ordre Ionique ; elle le serait complétement si le chapiteau qui surmonte leur tête était de cet ordre. Elles sont d'un grand effet dans la place qu'elles occupent, quoiqu'elles ne soient qu'accessoires par rapport à l'ordre dont est décorée la pièce, avec laquelle elles ne se lient pas. La sculpture y est traitée avec la même délicatesse que si la matière en était le marbre. Voyez le frontispice.

DES DIVERS ENTABLEMENTS ANTIQUES, ET DE LEURS RAPPORTS.

PLANCHE LVII.

Aux divers exemples d'entablement que nous avons réunis dans cet ouvrage, nous avons cru cependant devoir en ajouter d'autres, qui, bien que plus simples, n'offrent en principe que le même ensemble. Quatre sont extraits de l'intérieur de la rotonde, l'un des plus anciens monuments de Rome ; et quoiqu'ils y soient placés à quelque distance les uns des autres, et employés pour des effets différents, ils se rapportent cependant tous, à quelques proportions près, dans leurs moulures. Les architraves seules y sont variées. Mais ce qui a donné beaucoup à penser aux architectes, et a été le sujet de bien des débats, c'est la manière de profiler les faces des architraves, qui, tantôt saillantes ou rentrantes, et par conséquent toujours hors de l'aplomb qui caractérise la solidité dans l'architecture, ont fait supposer que c'était pour gagner ou réduire en saillie (1). Mais l'exemple des petits autels du Panthéon suffirait seul pour déterminer les débats à cet égard. On n'y voit pas de nécessité que la face du larmier, ainsi que celle au dessous, qu'on peut nommer denticulaire, penchent en avant par le haut, tandis que celles de l'architrave du même entablement y sont rentrantes. Ce n'a donc pu être que le goût de l'architecte, ou celui du temps, qui l'ait guidé dans cette sorte de manière de profiler, et une règle non générale, mais particulière ; et par conséquent ce parti n'est point rigoureusement admissible. La même manière se fait remarquer dans la corniche de l'attique dans un tout autre emploi ; toutes les saillies en sont pendantes, tandis que l'architrave en est d'aplomb, ainsi que tout le profil de l'entablement au dessus de la porte d'entrée.

SUITE DES ENTABLEMENTS.

PLANCHE LVIII.

Cette planche offre la même manière de profiler dans deux entablements, celui du second et du troisième ordre du Colisée à Rome, et dans un emploi tout opposé ; les premiers étant en tours creuses, et ceux-ci en tours rondes, et où même la saillie de l'architrave du troisième ordre est plus grande que celle du second.

---

(1) Vitruve, livre 3, chapitre dernier, prescrit cette manière comme favorable pour la perspective.

Cette planche contient en outre les impostes et les archivoltes des arcs de Constantin et de Septime Sévère, ainsi que l'attique qui couronne ce dernier.

DE LA DIMINUTION DU FUT DES COLONNES.

PLANCHE LIX.

Les anciens ont diminué ou galbé indifféremment leurs colonnes, ou à partir du tiers du fût, pris au dessus du tore supérieur de la base, ou sur une seule ligne prise du dessus même de ce tore au dessous de l'astragale sur lequel est posé le chapiteau, la ceinture et la baguette au dessus de la base, fait toujours partie du fût, ainsi que l'astragale, dont la saillie correspond toujours à la base du fût, qui est de deux modules. Aux exemples de l'antique que nous avons réunis dans cet ouvrage, nous avons particulièrement indiqué, avec la hauteur des colonnes, celle dont la diminution commence au tiers du fût. Nous ferons observer que la ligne de celles qui diminuent du bas en haut n'est pas précisément comme tendue ; que le fût en est légèrement galbé, ce qu'on peut voir par la figure première. La deuxième est plus usitée ; elle peut s'employer pour la diminution au tiers, comme le même moyen renversé, en l'augmentant au tiers, le ferait renfler. Ce dernier moyen enfin peut servir pour toute la hauteur avec le même succès, en multipliant les divisions de bas en haut.

Règle de proportion pour la différente diminution que l'on doit donner au haut du fût des colonnes, en raison de leur hauteur, depuis quinze pieds (4m 875m) jusqu'à cinquante (16m 250m) (1).

Celles de quinze pieds (4m 875m) seront divisées, à la base de leur fût, en six parties ; cinq de ces mêmes parties, reportées au haut du même fût, en établiront la diminution.

Celles de vingt pieds (6m 5d), divisées à la base en six parties et demie, seront réduites par le haut à cinq parties et demie.

Pour celles de trente pieds (9m 75c), il faut les diviser en sept parties à leur base, et les réduire à six par le haut.

Celles de quarante pieds (13m 002m), divisées aussi à leur base en sept parties et demie, seront réduites, sous l'astragale, à six parties et demie.

Enfin celles de cinquante pieds (16m 252m) de hauteur seront divisées en huit parties ; on les réduira à sept par le haut.

Ces différentes proportions ne dérangent en rien celles fixées pour les chapiteaux modernes. On peut consulter ceux qui sont antiques sous les divers rapports de hauteur des colonnes : ils varient presque tous, tant dans leurs proportions générales, que par celles des détails.

Proportion des entablements, en raison de la hauteur des colonnes (2).

Pour des colonnes de douze à quinze pieds (3m 9d à 4m 875m), l'architrave doit avoir un demi-diamètre de hauteur, et, divisant l'architrave en quatre parties, trois seront pour la hauteur de la frise.

Celles de quinze à vingt pieds (4m 875 à 6m 5d) doivent être divisées en treize parties, pour en donner une à l'architrave, que l'on divise en quatre autres parties, pour en donner trois à la frise.

Pour celles de vingt à vingt-cinq pieds (6m 5d à 8m 126m), il faut diviser l'une des colonnes en douze parties et demie, et prendre une de ces parties pour l'architrave ; même rapport que ci-dessus pour la frise.

Si les colonnes ont de vingt-cinq à trente pieds (8m 126m à 9m 75c), il faut en diviser la hauteur

(1) Livre 3, planche 16, traduction de Vitruve, par C. Perrault, et planche 59 de l'ouvrage.
(2) Livre 3, planche 22, même traduction, et planche *idem* de l'ouvrage.

en douze parties ; une de ces parties pour l'architrave ; même proportion que ci-dessus pour la frise.

Si l'on voulait mettre dans la frise un bas-relief, ou tout autre ornement, il faudrait alors lui donner la hauteur de l'architrave, et reporter au dessus la corniche, dans la même proportion qui va être prescrite.

Les différentes proportions que Vitruve assigne pour chacune des moulures qui composent son entablement, ne coïncidant pas avec tout autre ajustement (1), en voici la hauteur proportionnelle.

Il faut diviser l'architrave et la frise, déjà établies, d'après les règles ci-dessus, en huit parties égales, et en prendre cinq pour la hauteur de la corniche, dans laquelle hauteur on distribuera ses moulures, en observant que leur saillie totale, répondant à l'aplomb du nu de la frise, soit égale à la hauteur de la corniche, de manière que si la corniche a deux modules de hauteur, elle ait aussi deux modules de saillie (2).

Cette règle, pour les entablements supportés par les colonnes, est applicable en quelque sorte aux bâtiments mêmes, que l'on pourrait aussi caractériser par la simplicité ou la richesse et l'ordonnance des détails, tellement qu'on y reconnût l'ordre avec lequel ils seraient en rapport, quoiqu'on n'y employât ni colonnes ni pilastres.

Remarque.

Comme nos temples, et tous nos autres monuments publics à nos usages, ne sont plus conçus, pour l'utilité, dans la manière des anciens, nous ne désignerons pas les divers espacements de colonnes que nous allons rapporter par les noms que les Grecs et les Romains y avaient appliqués, pour les distinguer les uns des autres dans leurs différentes combinaisons, renvoyant à la traduction de *Vitruve* par Perrault (3), d'où ils sont extraits, ceux qui voudraient s'en instruire directement. Nous citerons simplement la distance des colonnes d'un axe à l'autre.

Entrecolonnements, suivant Vitruve, pour les temples et édifices publics.

(4) Entrecolonnement Ionique de six colonnes de face, d'un axe à l'autre, six modules ou trois diamètres ; celui du milieu a quatre diamètres.

(5) Entrecolonnement Corinthien de huit colonnes de face, de l'axe d'une colonne à l'autre, six modules ou trois diamètres ; celui du milieu, trois diamètres et demi.

(6) Entrecolonnement Ionique de huit colonnes de face, d'un axe de colonne à l'autre, trois diamètres un quart ; celui du milieu, cinq diamètres. Tel devait être l'entrecolonnement présumé du temple de Diane à Éphèse, par Ctésiphon, architecte.

(7) Entrecolonnement Corinthien de dix colonnes de face, de l'axe d'une colonne à l'autre, deux diamètres et demi ; celui du milieu a trois diamètres.

Des frontons, selon Vitruve.

Si l'on veut couronner ces entrecolonnements par des frontons, il faudra, après en avoir établi l'entablement, soit du quart, du cinquième, ou entre le quart et le cinquième de la hauteur des colonnes, soit de toute autre proportion, diviser l'espace qu'il y aura sur la saillie de la corniche du devant d'une cymaise à l'autre, qui en forment les angles opposés, en neuf parties égales, en prendre une pour la hauteur du tympan, et rapporter la corniche au dessus, en observant que le tympan se mesure à partir du dessus du filet qui recouvre la petite cymaise,

---

(1) Voyez planche 30 de l'ouvrage : l'*Ordre Ionique de Serlio*.
(2) La proportion des entablements peut être toujours la même relativement aux colonnes, mais les membres qui les composent doivent être plus ou moins prononcés, et sans confusion, en raison de leurs différentes dimensions. Pour en obtenir une division facile, après en avoir composé le profil, on pourra consulter notre *Vignole des Ouvriers*, pour le rapport des proportions que les moulures doivent avoir entre elles.
(3) Livre 3.
(4) Livre 3, planche 11 de la traduction
(5) Livre 3, planche 12.
(6) Livre 3, planche 13.
(7) Livre 3, planche 14.

ou de toute autre moulure au dessus du larmier, entre ce dernier et la grande cymaise qui doit toujours faire partie du fronton.

Il y aurait, entre Serlio et Vitruve, une proportion moyenne, qui serait de prendre pour centre la moitié de l'espace A entre une cymaise et l'autre, formant les deux extrémités de la corniche B; de rapporter cette moitié par le bas sur la perpendiculaire du centre C; d'ouvrir de ce point le compas jusqu'aux extrémités des cymaises B, et de le conduire sur la même ligne perpendiculaire du milieu par le haut : l'intersection D donnera la hauteur du fronton, y compris la corniche. Voyez la planche 59.

Autres entrecolonnements, espacés également, pour des édifices moins considérables, et même pour les maisons particulières, par Vitruve.

(1) Entrecolonnement Ionique de six colonnes de face, d'un axe à l'autre, six modules ou trois diamètres.

(2) Entrecolonnement Corinthien de six colonnes de face, de l'axe d'une colonne à l'autre, cinq modules ou trois diamètres et demi.

(3) Entrecolonnement Ionique de quatre colonnes de face, d'un axe à l'autre, huit modules ou quatre diamètres.

(4) Entrecolonnement Dorique de quatre colonnes de face, de l'axe d'une colonne à l'autre, dix modules ou cinq diamètres.

(5) Autre entrecolonnement Ionique de quatre colonnes de face, dont celui du milieu est espacé, d'axe en axe, de six modules et demi.

Remarques.

Les entrecolonnements Doriques étant subordonnés à la division des triglyphes, l'espacement des colonnes ne peut être autrement indiqué. Il y en a de quatre modules, qui sont les moindres, de sept modules et demi, et même de dix modules, comme il est marqué plus haut, avec ou sans arcades, et de quinze modules avec arcades et piédestaux.

Les avant-corps en colonnes sur les murs de face sont toujours espacés du fond, de la distance ou de l'écartement du nu d'une colonne à l'autre, de manière que les soffites forment un carré au plafond de même qu'aux doubles rangs de colonnes; d'autres y sont engagés (6) suivant leur espacement pour la portée des soffites, et d'autres enfin n'en sont écartés que d'un demi-diamètre, et quelquefois de moins. L'antique ne nous offre point d'exemples de colonnes accouplées dans la manière de celles du Louvre et de beaucoup d'autres édifices.

Pour la proportion des piédestaux, relativement à chaque ordre, voyez les Ordres antiques, PALLADIO, SCAMOZZI et VIGNOLE. Vitruve ne leur en assigne pas de bien directs.

DES PORTES ET DES CROISÉES ANTIQUES,
TIRÉES DES ORDRES GRECS ET ROMAINS.

PLANCHE LX.

Il est peu nécessaire d'approfondir pourquoi les Grecs, au temple de Minerve Poliade à Athènes, et après eux les Romains, à celui de Vesta à Tivoli, ont tenu leurs portes et leurs

(1) Livre 3, planche 15.
(2) Livre 3, planche *idem*.
(3) *Idem*.
(4) Livre 3, planche 15.
(5) Livre 3, planche 16.
(6) Malgré les nombreux exemples, tant anciens que modernes, nous ne sommes pas partisan des colonnes engagées, surtout à l'extérieur. Les colonnes sont des supports élégants et solides, imaginés pour alléger les masses par

croisées plus étroites par le haut que par le bas; cet usage, aujourd'hui, serait une bizarrerie inadmissible; mais il est important d'observer la manière dont ils en formaient le cadre, auquel on a donné, depuis, le nom de chambranle, ornement toujours agréable quand il est en harmonie avec l'ensemble de l'édifice. Celui des croisées du temple grec, près de l'extré-mité de ses retours d'angles, est brise en saillie sur lui-même, ce que nous nommons crossettes. Ceux du temple de Vesta, dans la même forme pour le vide, ont un encadrement sans inter-ruption, et sont surmontés chacun d'une corniche; mais celle de la porte en est séparée par une frise, et celle des croisées est adhérente au chambranle. Le chambranle des croisées du temple de Minerve est posé sur un appui simple, et celui des croisées du temple de Vesta repose aussi sur un appui, mais sur le devant duquel est une table renfoncée. Sur la même planche, nous avons tracé en masse la proportion de la porte extérieure de la rotonde; les détails de la corniche et du chambranle se trouvent sur la planche 57. Cette dernière est aussi large du haut que du bas, et a un peu moins en hauteur, dans son vide, que deux fois sa largeur. Voilà, pour les portes et les croisées antiques, des exemples bien distincts par leurs formes et par la manière dont elles sont ornées.

DES PORTES MODERNES.

PLANCHE LXI.

Ces deux portes, de la composition de Vignole, réunissent dans leurs formes et leurs propor-tions tout ce qu'on a pu faire de mieux entre l'antique et le moderne; toutes les autres, dans le même genre, en dérivent ou ne portent qu'un caractère idéal qui ne pourrait pas servir de base. Leur chambranle est à crossettes, comme aux croisées du temple de Minerve Poliade. Le bas des crossettes sert de point fixe pour la longueur des consoles (1), ce qui leur donne beaucoup de régularité. Ces mêmes consoles sont appuyées sur un contre-chambranle en arrière-corps. Celui de la porte Saint-Laurent paraît être le plus régulier. Beaucoup de gens de l'art n'aiment point les crossettes; on ne peut approuver ni blâmer leur goût en cela, puisque nous avons de bons exemples sans cette manière de profiler, qui sont fort bien aussi. La proportion qui convient le mieux pour les portes et les croisées, auxquelles s'adapte aussi le même ajustement, est de deux fois leur largeur pour la hauteur. Mais pour plus d'exactitude sous les différents rapports de leurs proportions, soit avec ou sans corniche, ornées de colonnes ou de pilastres, voyez les planches de détails de notre *Recueil varié de Plans et de Façades*. Celles des arcades simples, sur des colonnes ou des pilastres, y sont aussi indiquées d'après les autorités des meilleurs auteurs. Les mêmes exemples y sont reproduits dans notre *Vignole des Ouvriers*.

DES SOFFITES D'ARCHITRAVES.

PLANCHE LXII.

La forme et l'ornement des soffites d'architraves n'étant soumis à aucune règle, nous

la combinaison de leur espacement et par leur isolement des corps avec lesquels ils sont en rapport, pour faire jouir en même temps d'un abri commode, et de l'aspect de tout ce qui les environne. Les colonnes appliquées contre un mur, au contraire, ne servent qu'à obstruer la vue, à alourdir leur couronnement dans la saillie des soffites de leur architrave. La façade à laquelle elles appartiennent n'est plus qu'une espèce de bas-relief régulier. Quelques anciens l'ont senti, en faisant profiler avec elles leur entablement; mais cela ne peut convenir qu'à de grands édifices. Voyez l'amphithéâtre de Nîmes, les arcs de triomphe, etc.

(1) Ces consoles sont plus larges du haut que du bas. Quoiqu'on ne puisse absolument en blâmer la forme, les consoles aussi larges du bas que du haut, dans un même ajustement, seraient peut-être préférables.

avons cru cependant devoir en offrir plusieurs exemples d'après les monuments antiques de Rome. Nous avons précédemment donné une partie des ordres auxquels ils se rattachent. On y verra que le goût seul peut en diriger le choix, que leur richesse est subordonnée à celle de l'ordre dont ils font partie, tels que ceux du temple d'Antonin et de Faustine, des trois colonnes du Campo-Vaccino et du temple de Jupiter Tonnant. Le premier suit par ses côtés le galbe du tailloir; ceux des petits autels de la Rotonde, de la place de Nerva et autres, se contournent sur la rose du chapiteau; ceux de l'ordre extérieur et intérieur de la Rotonde sont simplement en retour d'équerre.

ORNEMENTS DES MOULURES.

PLANCHE LXIII.

La grandeur de l'échelle sur laquelle sont faits les ordres d'architecture réunis dans cet ouvrage, n'ayant pas toujours permis de tracer avec exactitude de détails l'ornement dont beaucoup de moulures sont taillées, il en a été gravé sur cette planche suffisamment pour y suppléer. On y trouvera ceux de cymaises, de talons, de quart de ronds, et de baguettes ou astragales, variés et puisés dans les mêmes ordres dont on a vu la gravure.

On ne saurait employer avec trop de discrétion les ornements dans les moulures. Si les Romains en ont surchargé quelques-uns de leurs entablements, dans d'autres ils en ont été avares. Cependant cette richesse bien ménagée, bien entendue, produit le meilleur effet. La colonne Corinthienne, par exemple, vu la richesse de son chapiteau, ne doit pas être couronnée par un entablement trop simple; plusieurs de ses membres sont susceptibles d'être enrichis, comme l'ont très-bien fait Palladio et Vignole. Nous en excepterions volontiers la frise, à moins que, pour en soutenir la richesse, le fût des colonnes ne dût être cannelé; mais nous en bannirons peut-être les figures, qui, quelque intérêt qu'elles présentent, soit dans leur composition, soit dans leur exécution, sont souvent mesquines et petites. Des rinceaux, ou d'autres ornements bien disposés et largement traités, nous paraissent préférables.

FIN.

ICTINUS.
LIBON.
SCOPAS.

MUTIUS.
HERMODORUS.
VITRUVIUS.

LES ORDRES
D'ARCHITECTURE
DES GRECS
ET DES ROMAINS
ET CEUX
DES AUTEURS
MODERNES.

PALLADIO.
SERLIO.
SCAMOZZI.
VIGNOLE.

LESCOT.
DE LORME.
BULANT.

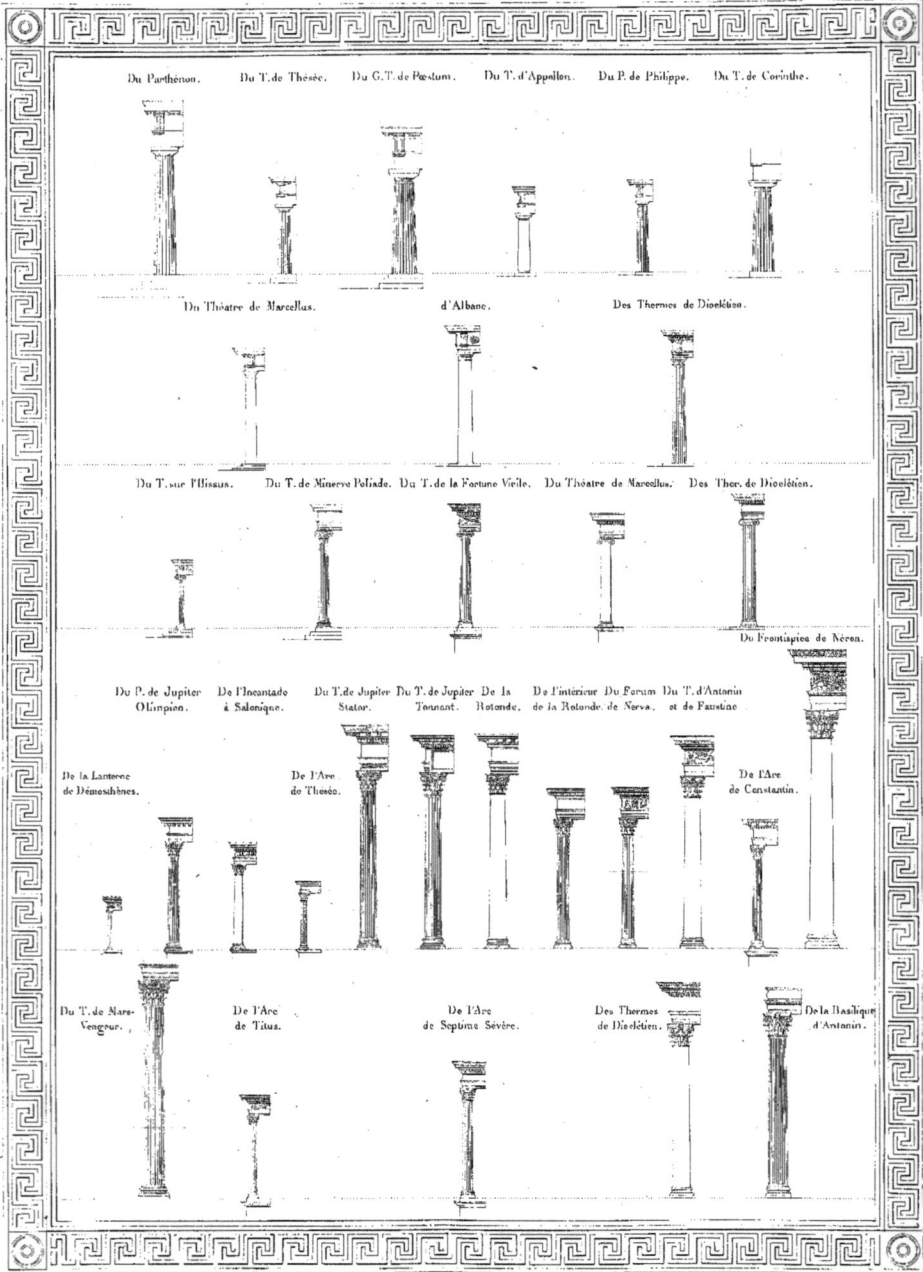

Du Parthénon.   Du T. de Thésée.   Du G. T. de Pæstum.   Du T. d'Apollon.   Du P. de Philippe.   Du T. de Corinthe.

Du Théâtre de Marcellus.   d'Albane.   Des Thermes de Dioclétien.

Du T. sur l'Ilissus.   Du T. de Minerve Poliade.   Du T. de la Fortune Virile.   Du Théâtre de Marcellus.   Des Ther. de Dioclétien.

Du Frontispice de Néron.

Du P. de Jupiter Olimpien.   De l'Incantado à Salonique.   Du T. de Jupiter Stator.   Du T. de Jupiter Tonnant.   De la Rotonde.   De l'intérieur de la Rotonde.   Du Forum de Nerva.   Du T. d'Antonin et de Faustine.

De la Lanterne de Démosthènes.   De l'Arc de Thésée.   De l'Arc de Constantin.

Du T. de Mars-Vengeur.   De l'Arc de Titus.   De l'Arc de Septime Sévère.   Des Thermes de Dioclétien.   De la Basilique d'Antonin.

Autres Dimensions.

Colonne de Pompée. Diamètre 8p. 3c. Hauteur 63p. 1c 3c le Piedestal 63p. 1c
Colonne Trajane. Diamètre 11p. 7c. Hauteur 92p. 6c le Piedestal 16p. 6c
Colonne Antonine. Diamètre 11c. Hauteur 91p. le Piedestal 23 Pieds.
Colonnes du Portail de S.te Geneviève. Dia. 5p. 0c. Hau. 58p. 3c. l'Ent. 11p. 3c.

Colonnes du Portail de S.t Pierre de Rome. Dia. 8p. 3c. Hauteur 84p. l'Entabl.
97p. 0c. 0c. Colonnes de la place de S.t Pierre. Dia. 4p. 2c. Hau. 50p. 1p. 9c. l'Entabl.
8p. 10c. 9c. Colonnes du Peristyle du Louvre. Dia. 3p. 5c. Hau. 38c. l'En. 9p. 1c. 3.
Colonnes de l'intérieur. Dia. 5p. 6c. Hau. 5p. 1c. 8c. l'Entablement 1p. 1c.

BASE, CHAPITEAU ET ENTABLEMENT TOSCAN,
d'André Palladio.

Imposte
et Archivolte.

Autre chapiteau
Toscan.

Chapiteau.

Arcade entre des Colonnes.
Simple Dé, de 2. Mod. de hauteur
en place de Piedestal.

Entrecolonnement Simple
Elevé sur 3 Marches.

Plan du Chapiteau.

Autre base Toscanne.

Base.

PIEDESTAL, BASE, CHAPITEAU ET ENTABLEMENT TOSCAN,
de Vincent Scamozzi.

6.e Partie.

Plafond du larmier.

Chapiteau.

autre Chapiteau.

Imposte et archivolte.

Piédestal.

Base.

Entrecolonnement simple.

Arcades entre des Colonnes,
Socle d'un Mod. sous leurs Bases.

Arcades entre des Colonnes
sur Piédestaux.

3.e Partie.

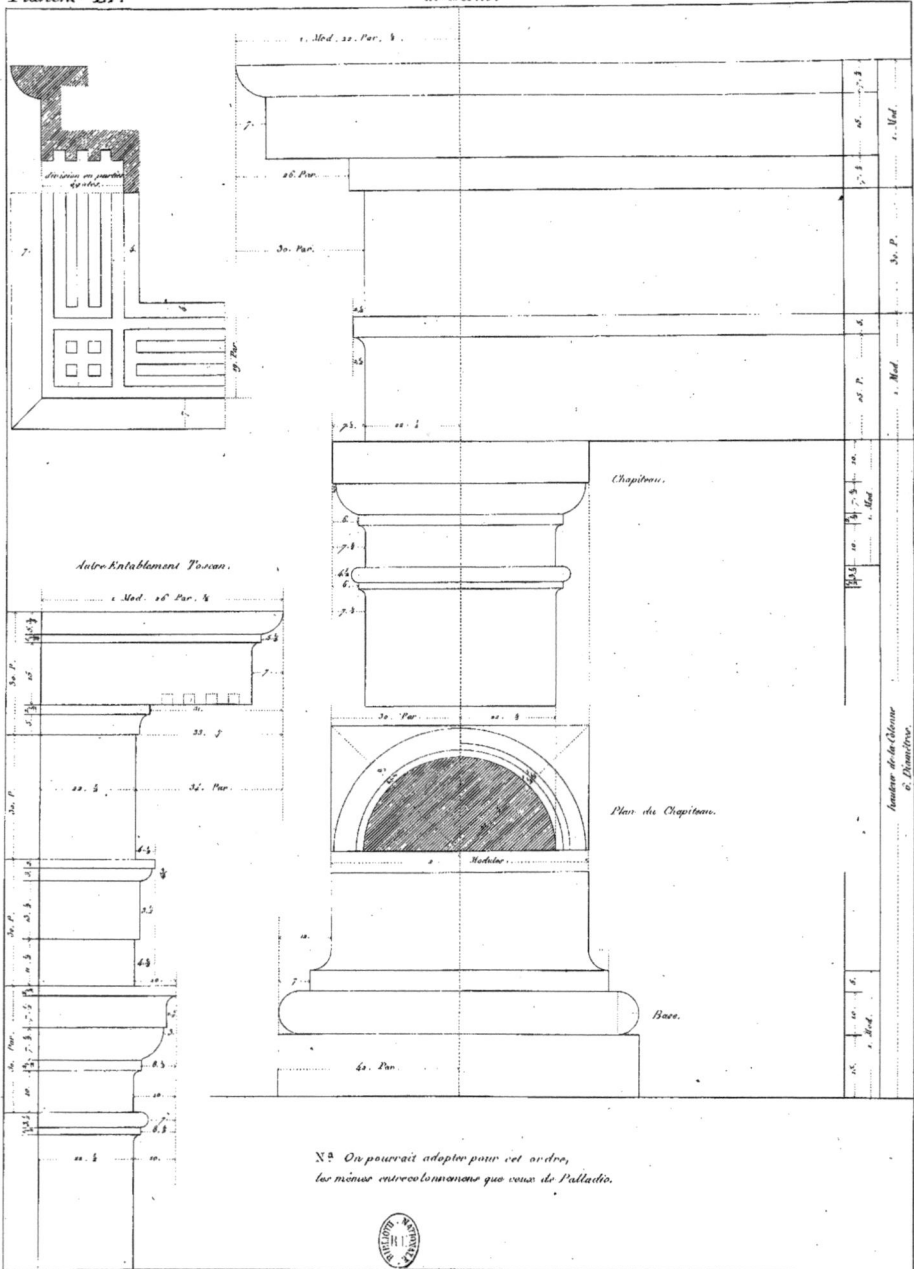

Chapiteau.

Plan du Chapiteau.

Base.

Autre Entablement Toscan.

N.ª *On pourrait adopter pour cet ordre,*
les mêmes entrecolonnemens que ceux de Palladio.

PIEDESTAL, BASE, CHAPITEAU ET ENTABLEMENT TOSCAN,
de J. Barrozzio de Vignole.

Planche IV.

PIEDESTAL, BASE, CHAPITEAU ET ENTABLEMENT TOSCAN, de J. Barrozzio de Vignole.

BASE, CHAPITEAU ET ENTABLEMENT DORIQUE,
du Portique extérieur du Temple de Minerve, ou du Parthénon a Athènes.

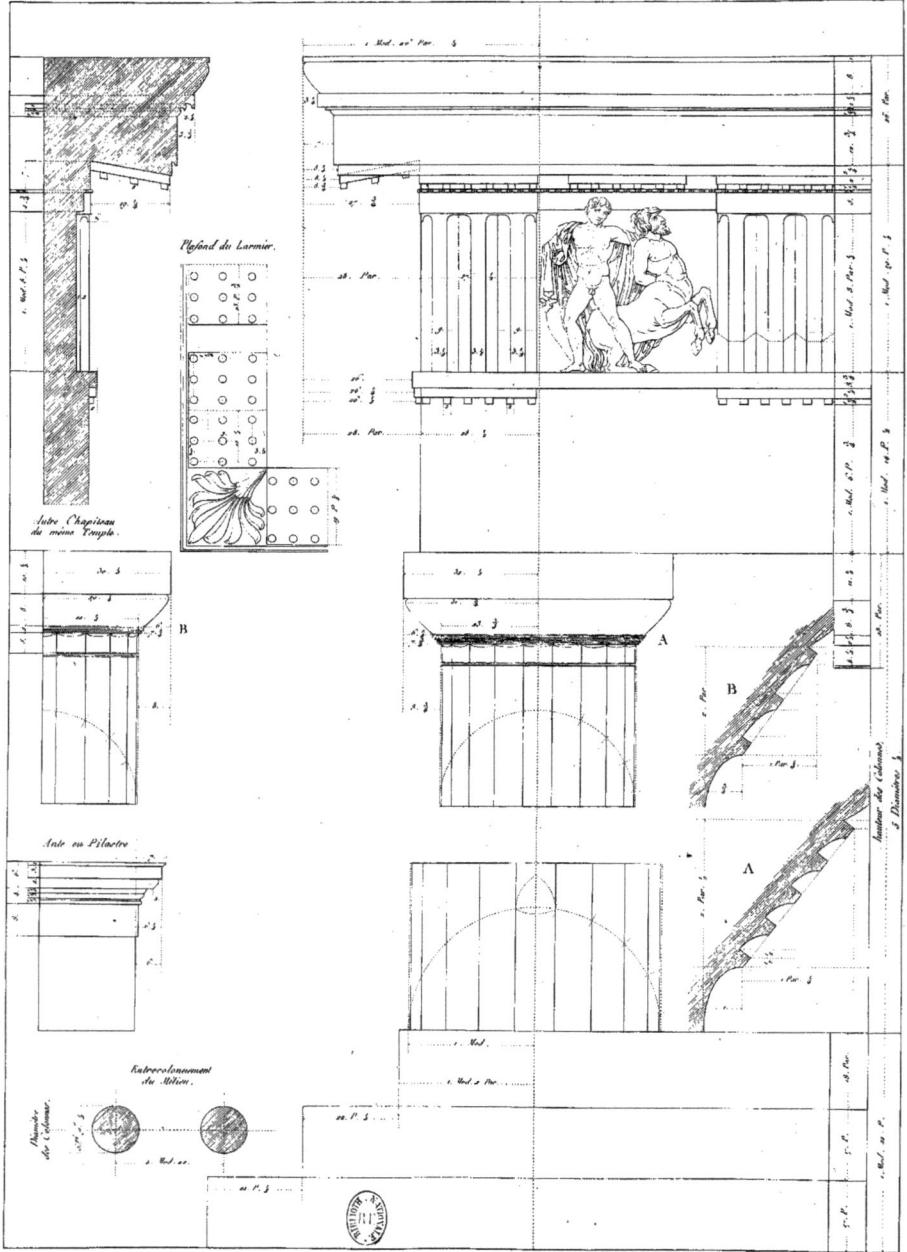

Plafond du Larmier.

Autre Chapiteau
du même Temple.

B

Ante ou Pilastre.

Entrecolonnement
du Milieu.

Planche
des Colonnes.

A

B

A

Hauteur des Colonnes

5 Diamètres.

3 Modules.

BASE, CHAPITEAU ET ENTABLEMENT DORIQUE,
du Temple de Thésée à Athènes.

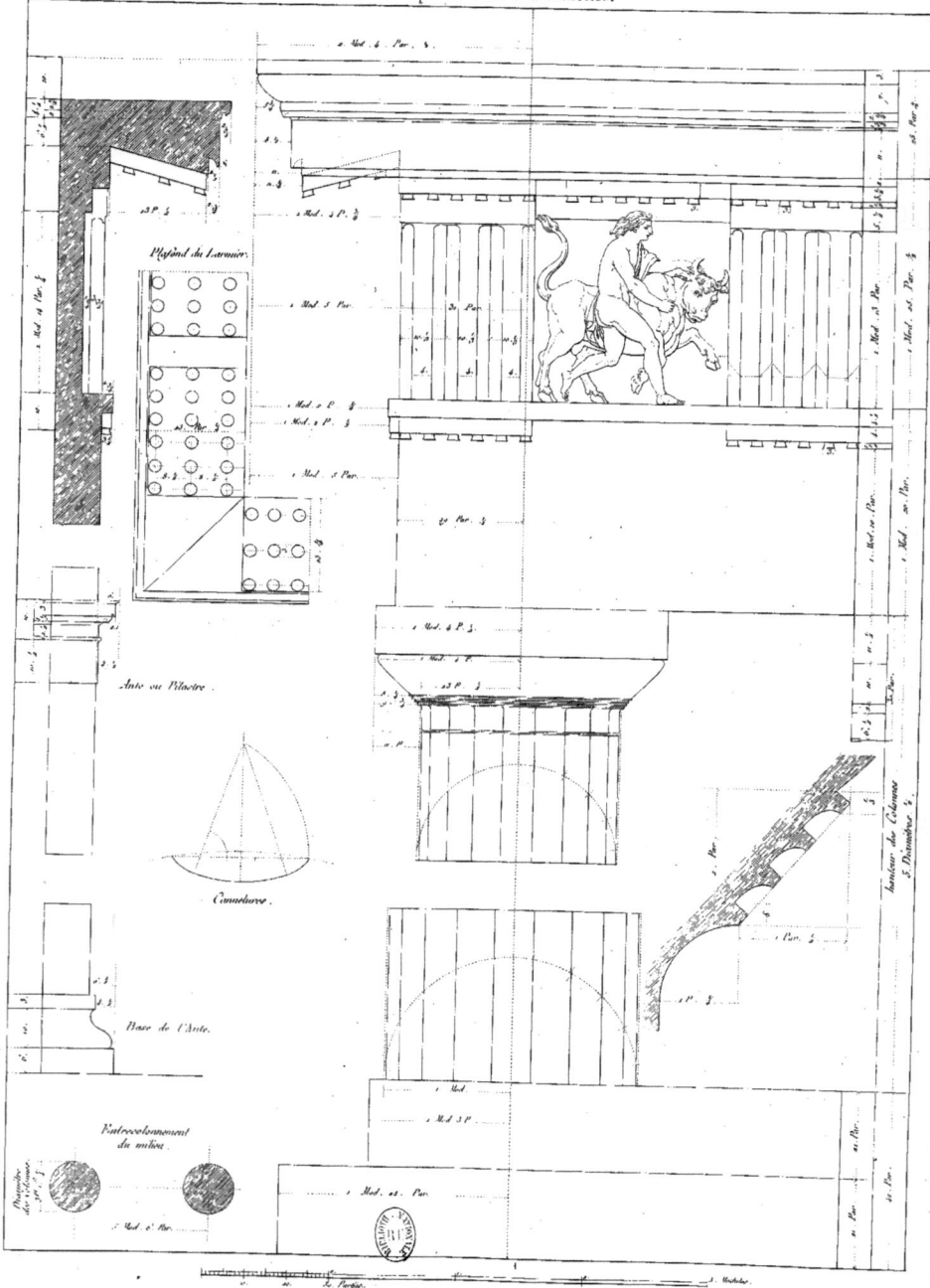

Plafond du Larmier.

Ante ou Pilastre.

Cannelures.

Base de l'Ante.

Entrecolonnement
du milieu.

BASE, CHAPITEAU ET ENTABLEMENT DORIQUE,
du Grand Temple de Pestum.

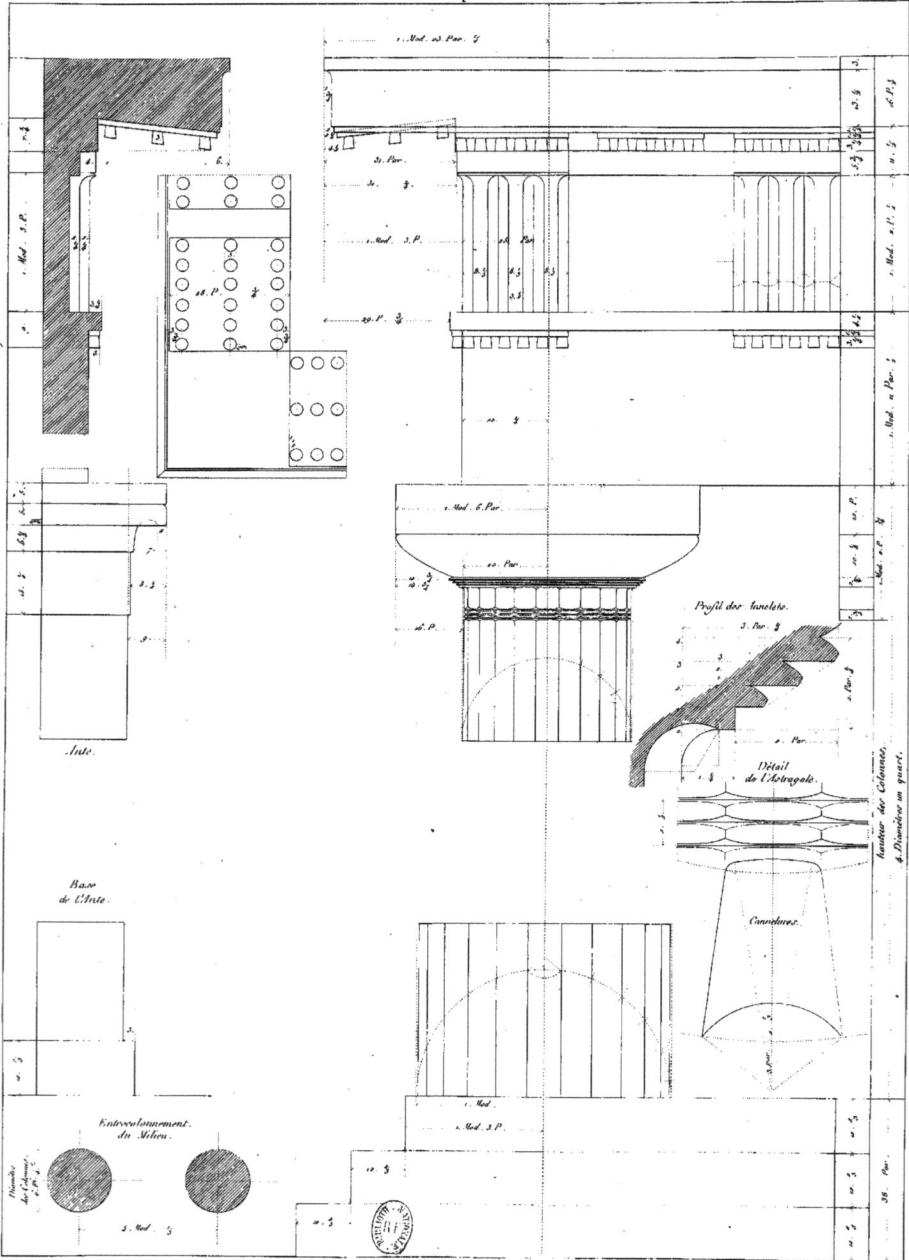

Profil des Anulets.

Détail de l'Astragale.

Cannelures.

Anta.

Base de l'Anta.

Entrecolonnement du Milieu.

COLONNES ET ENTABLEMENT DORIQUES.

du Temple d'Apollon et du Portique de Philippe, Roi de Macédoine, dans l'Ile de Délos.

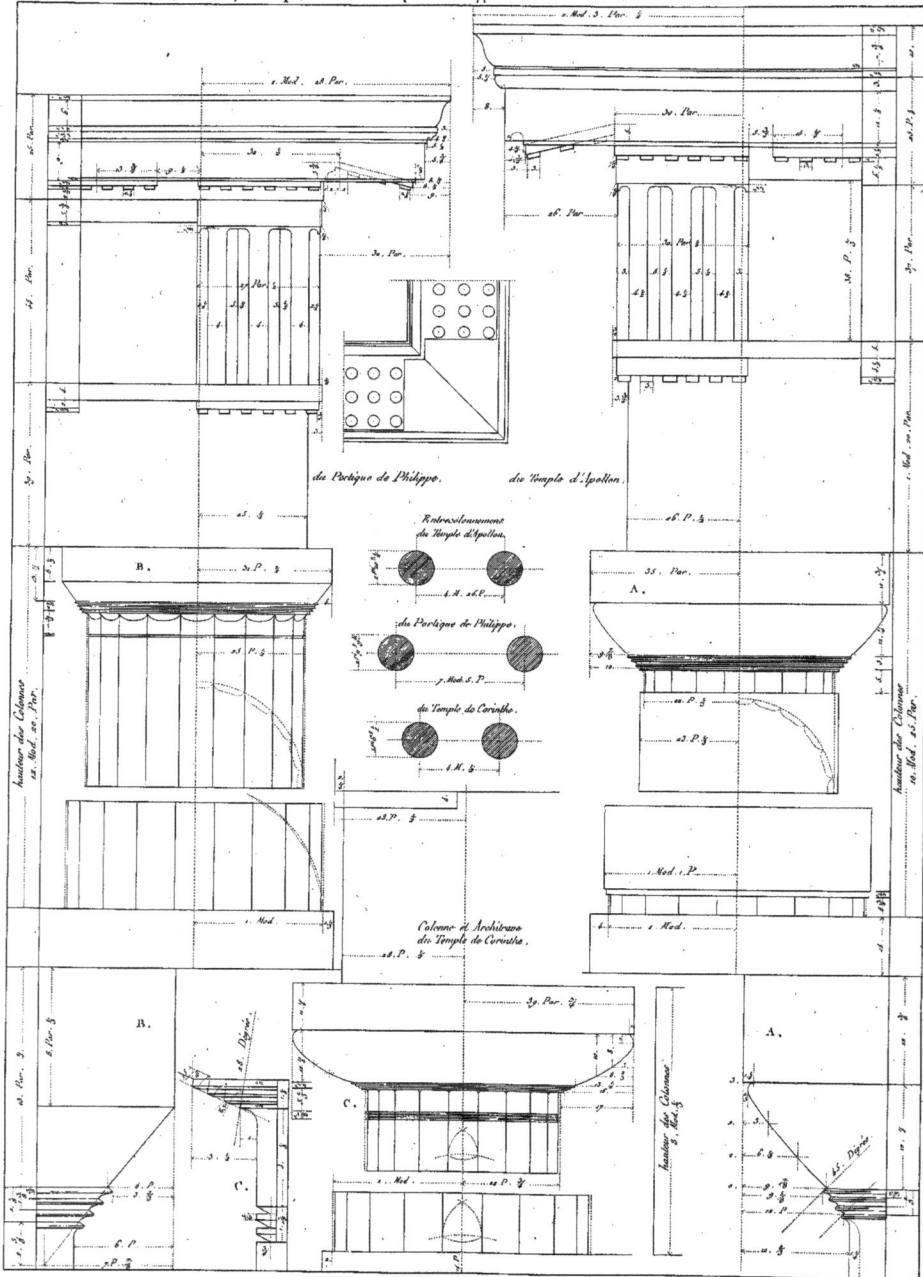

du Portique de Philippe.   du Temple d'Apollon.

Retressissemens
du Temple d'Apollon.

du Portique de Philippe.

du Temple de Corinthe.

Colonne et Architrave
du Temple de Corinthe.

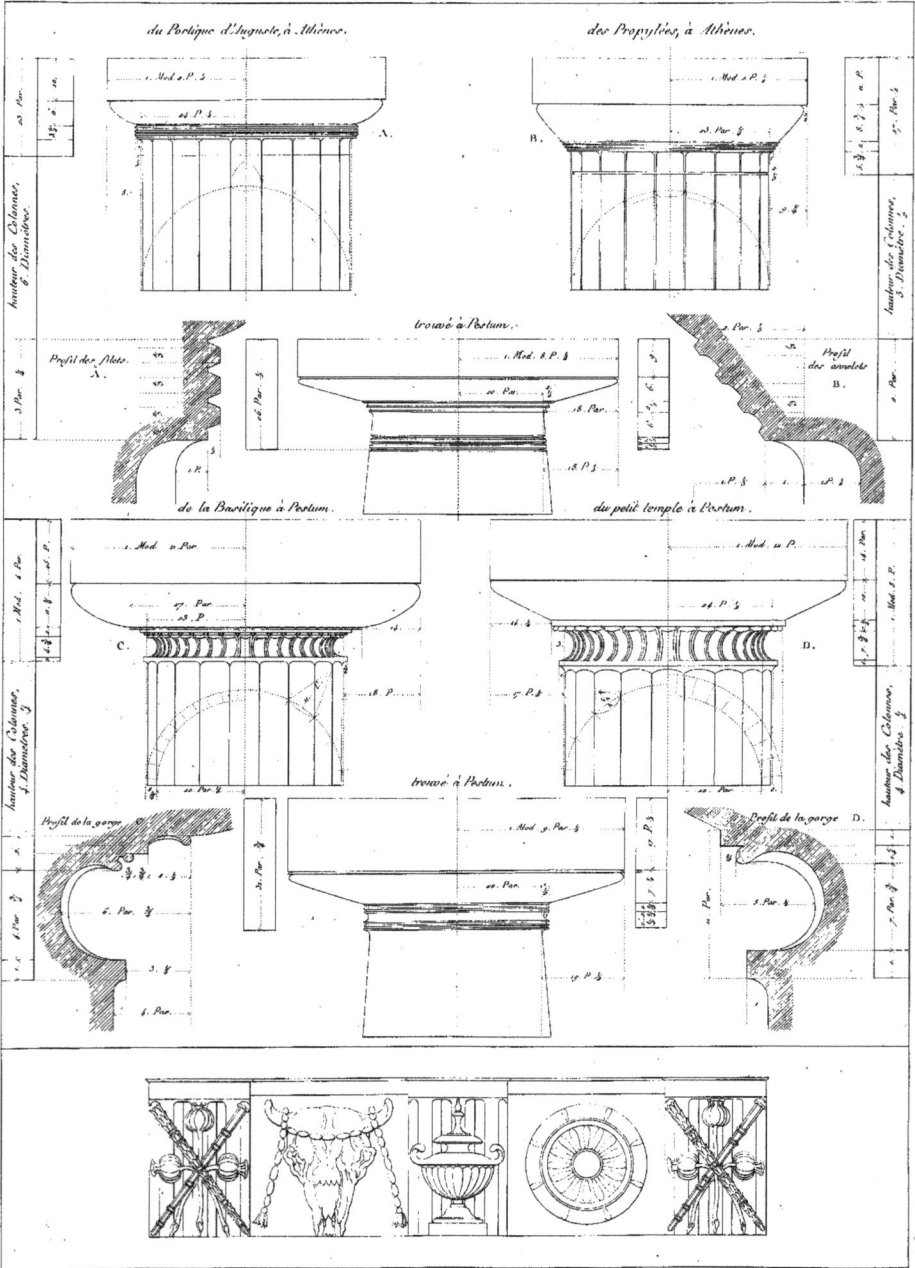

DIVERS CHAPITEAUX DORIQUES GRECS.

du Portique d'Auguste, à Athènes.

des Propylées, à Athènes.

A.

B.

trouvé à Pestum.

Profil des filets.
A.

Profil des annelets.
B.

de la Basilique à Pestum.

du petit temple à Pestum.

C.

D.

trouvé à Pestum.

Profil de la gorge.

Profil de la gorge. D.

BASE, CHAPITEAU ET ENTABLEMENT DORIQUE.
du Théâtre de Marcellus à Rome.

Imposte.

Plafond
du L'avnier.

Entrecolonnemens, Piedroits
et Arcades.

COLONNE, CHAPITEAU ET ENTABLEMENT DORIQUE
découvert à Albane près de Rome.

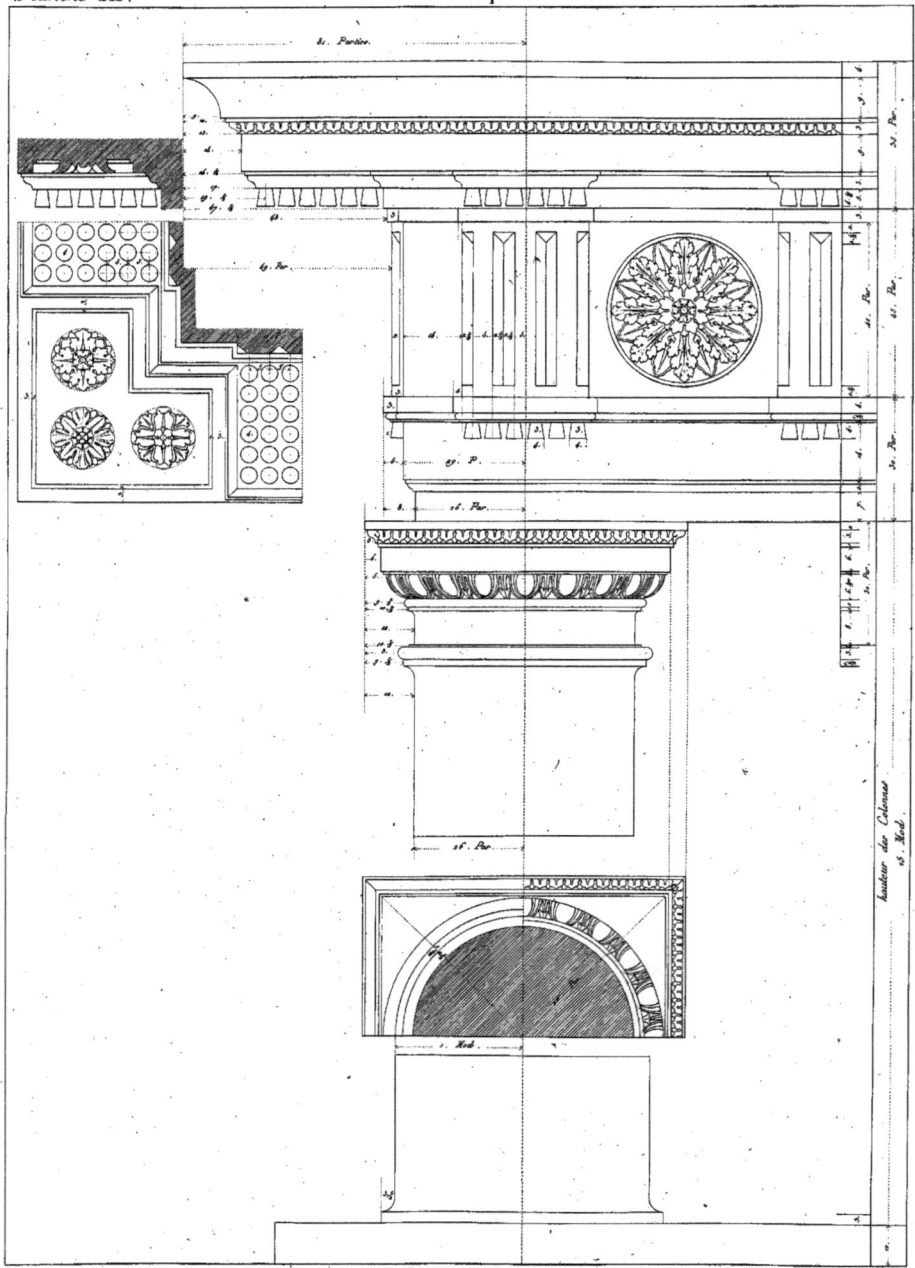

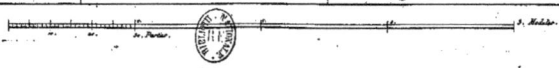

COLONNE, CHAPITEAU ET ENTABLEMENT DORIQUE,
des Thermes de Dioclétien.

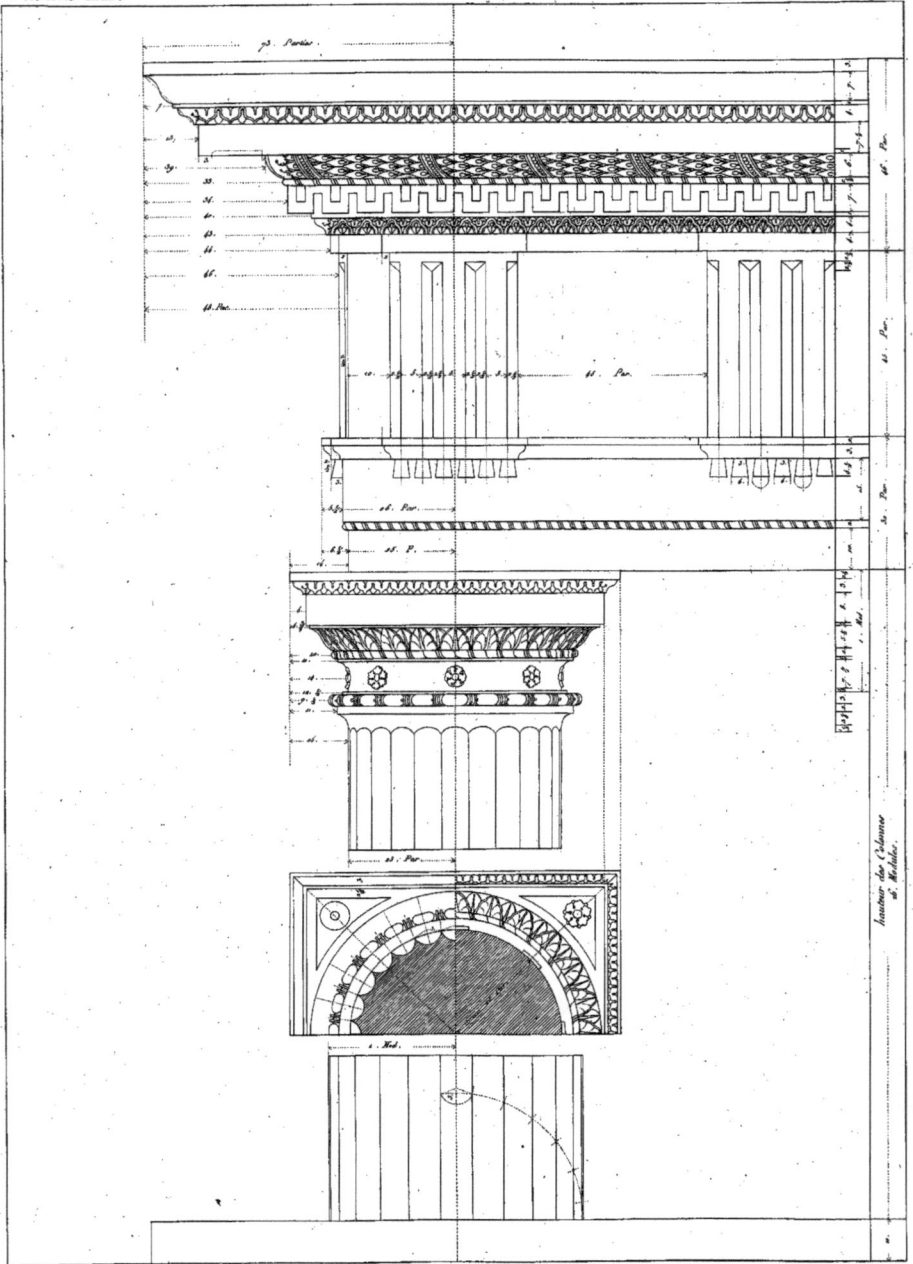

PIEDESTAL, BASE, CHAPITEAU ET ENTABLEMENT DORIQUE,
d'André Palladio.

Imposte et Architrave.

Socle de la Base.

Piedestal.

Base.

Entrecolonnement simple
Elevé sur des marches.

Arcades entre des Colonnes
Elevées sur leurs Piedestaux.

PIEDESTAL, BASE, CHAPITEAU ET ENTABLEMENT DORIQUE,
de Vincent Scamozzi.

Piedestal.

Entrecolonnement simple.

Arcades entre des Colonnes, cerdé d'un Mod. de hauteur sous la base des Colonnes.

Arcade entre des Colonnes sur leur Piedestaux.

PIEDESTAL, BASE, CHAPITEAU ET ENTABLEMENT DORIQUE,
de J. Barozzio de Vignole.

Plafond du Larmier.

Impostes et Archivolte.

Piédestal.

Chapiteau.

Base.

Entrecolonnement simple.

Arcades entre des Colonnes.

Arcades entre des Colonnes sur des Piédestaux.

ORDRE DORIQUE MUTULAIRE,
de J.Barrozzio de Vignole.

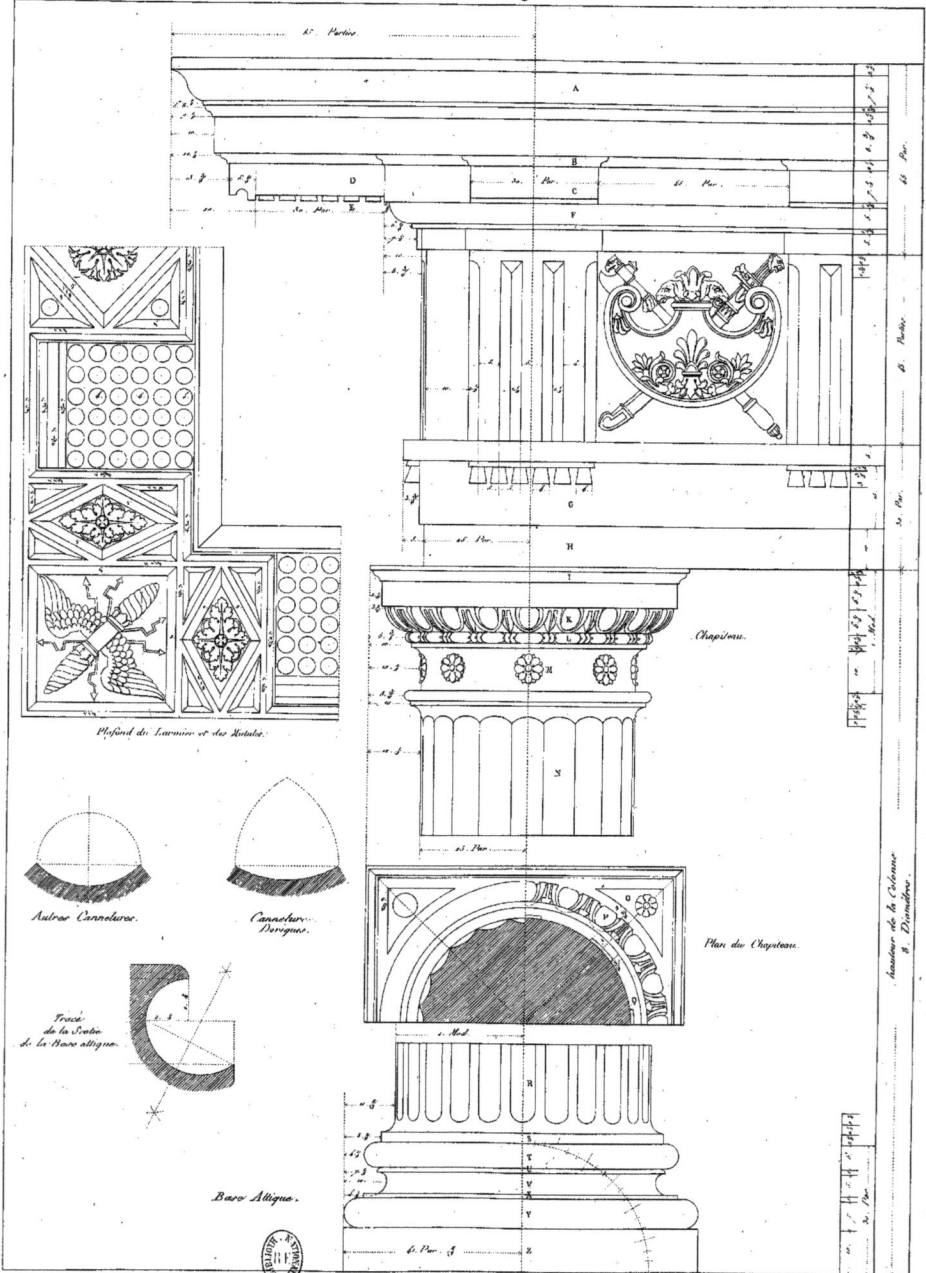

Plafond du Larmier et des Mutules.

Autres Cannelures.

Cannelures Doriques.

Tracé de la Scotie de la Base attique.

Base Attique.

Chapiteau.

Plan du Chapiteau.

Hauteur de la Colonne 8 Diamètres.

ORDRE DORIQUE
de Joseph Viala et de Philibert de Lorme.

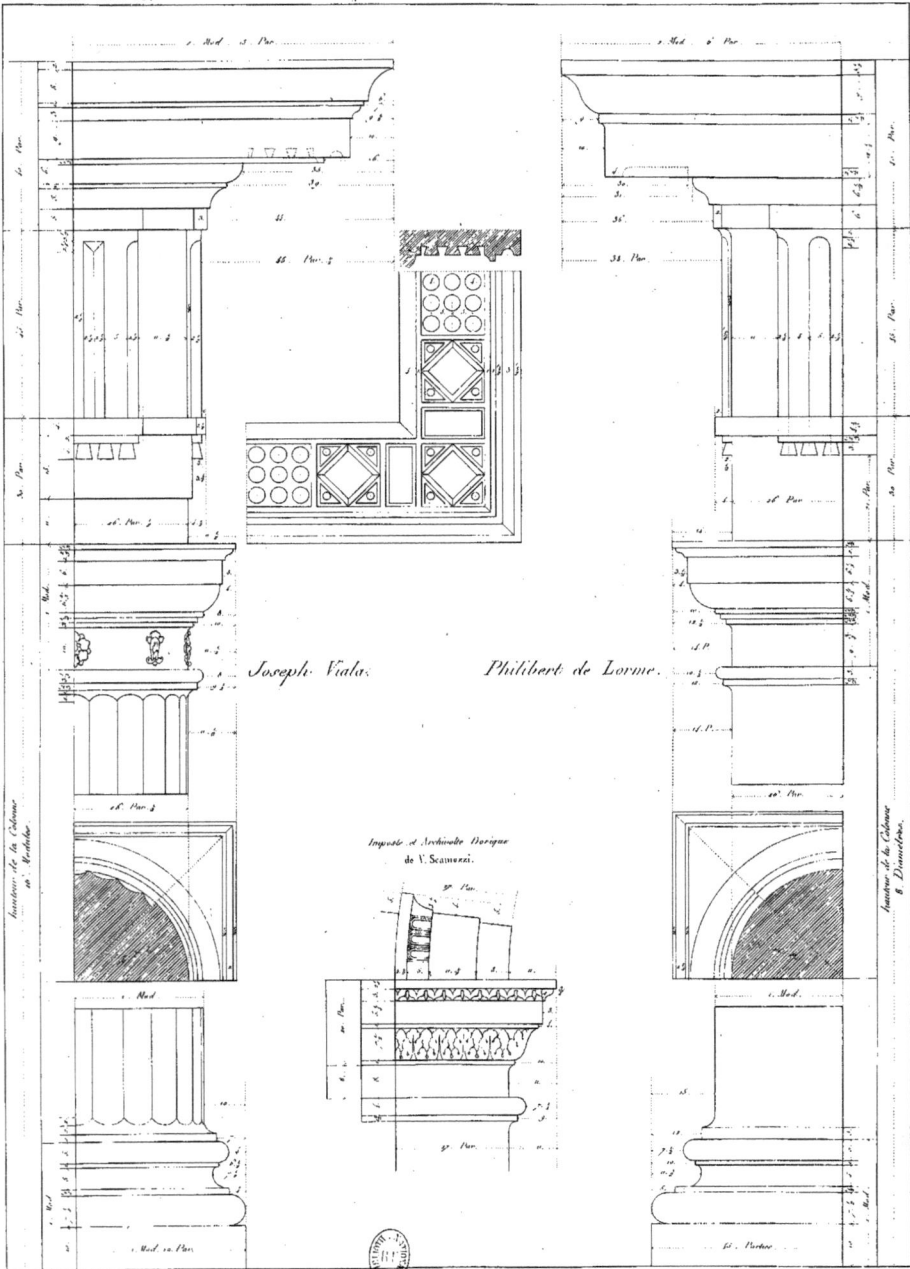

Joseph Viala.

Philibert de Lorme.

Imposte et Archivolte Dorique
de V. Scamozzi.

BASE, CHAPITEAU ET ENTABLEMENT IONIQUE,
du Temple sur l'Ilissus à Athènes.

Planche XVIII.

Coupe du Chapiteau sur sa face.

Coupe du Chapiteau sur son Profil.

forme des Cannelures.

Entrecolonnement.

N.º 6. Temple à 4 colonnes de face. Elles sont posées sur 3 Gradins.

PLAN PRIS À L'ANGLE ET PROFIL DU CHPITEAU IONIQUE,
du Temple sur l'Ilissus à Athènes.

Architrave du Vestibule.

Chapiteau de l'Ante.

Ornement de la frise. N.

Ante ou Pilastre.

Base de l'Ante.

Mesures et tracé des Volutes.

N.º 1.

Nota.

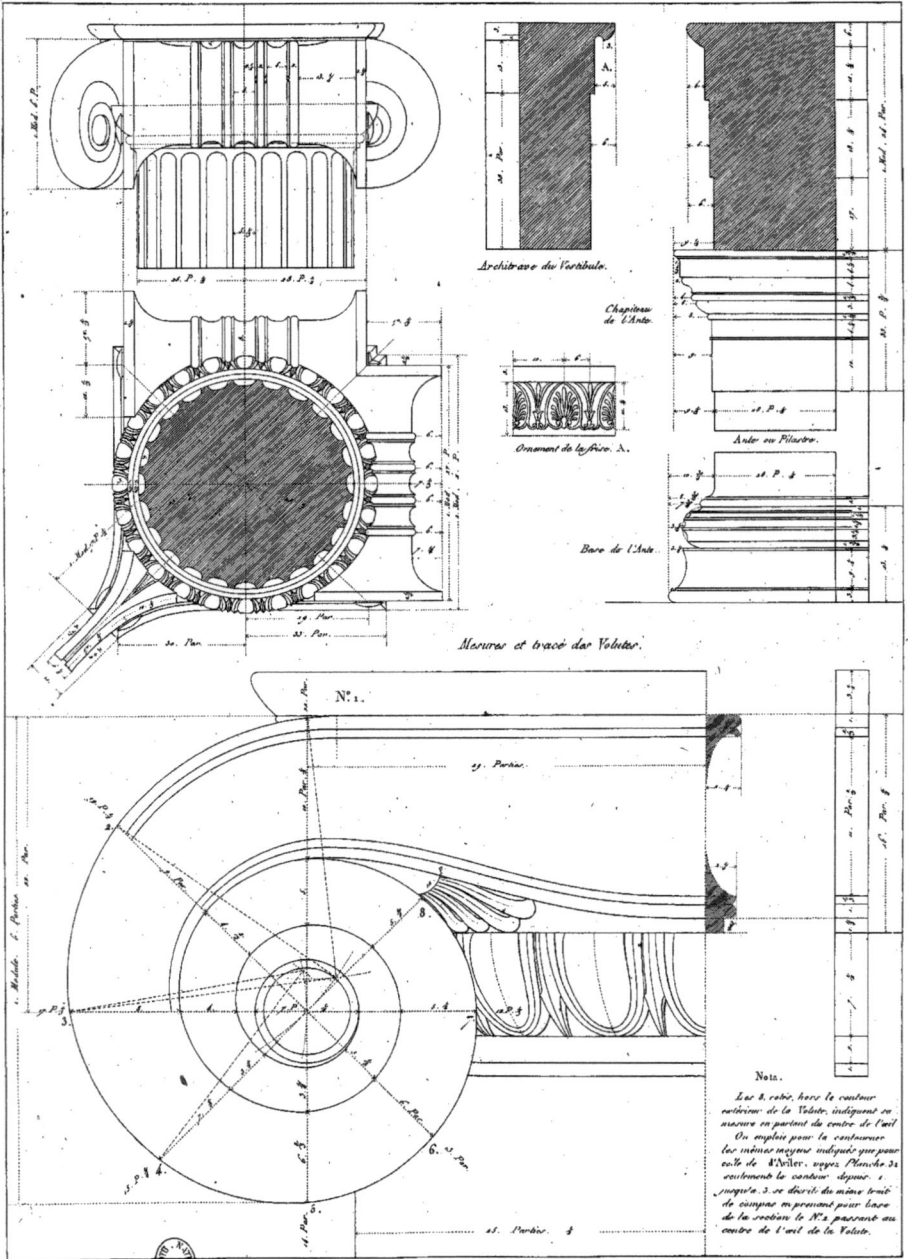

Les 8. rebés, hors le contour extérieur de la Volute, indiquent la mesure en partant du centre de l'œil.
On emploie pour le contourner les mêmes moyens indiqués que pour celle de l'Ante. voyez Planche 31 contiennent le contour depuis. 1 jusqu'à. 3. se décrit du même trait de compas en prenant pour base de la section le Nº 2 passant au centre de l'œil de la Volute.

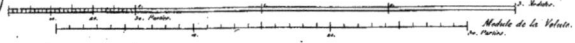

Module de la Volute.

BASE, CHAPITEAU ET ENTABLEMENT IONIQUE,
du Portique du Temple de Minerve Poliade à Athènes.

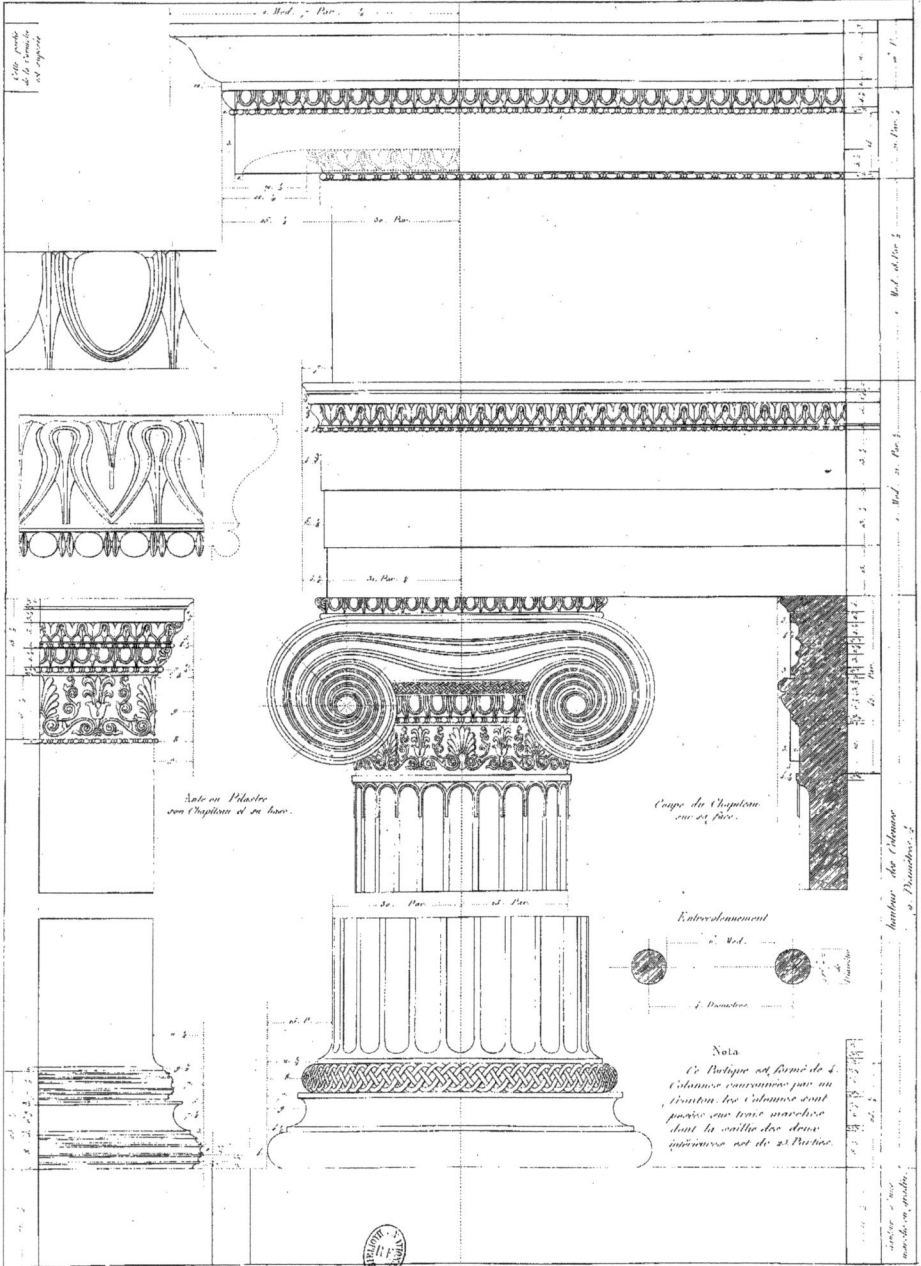

Ante ou Pilastre
son Chapiteau et sa base.

Coupe du Chapiteau
vue de face.

Entrecolonnement

Nota

PLAN PRIS A L'ANGLE ET PROFIL DU CHAPITEAU IONIQUE,
du Portique du Temple de Minerve Poliade à Athènes.

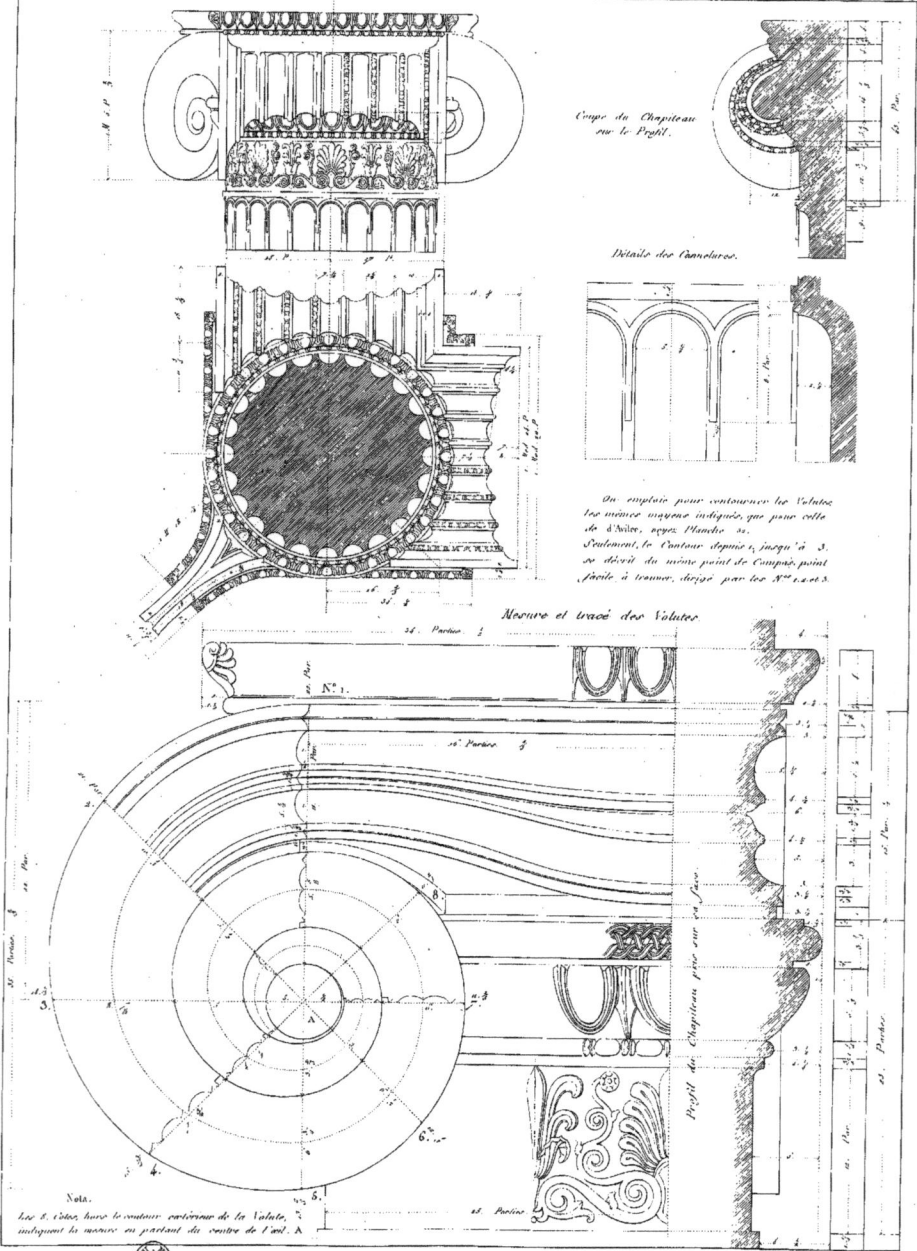

Coupe du Chapiteau
sur le Profil.

Détails des Cannelures.

On emploie pour contourner les Volutes
les même moyens indiqués, que pour celle
de d'Avlee, voyez Planche 20.
Seulement, le Contour depuis 1, jusqu'à 3.
se décrit du même point de Compas, point
facile à trouver, dirigé par les Nos 1.2. et 3.

Mesure et tracé des Volutes.

Nota.
Les 6. côtes, hors le contour extérieur de la Volute,
indiquent la mesure en partant du centre de l'œil. A

Profil du Chapiteau pris sur sa face.

1. Volutes.
Module de la Volute.

BASES ET CHAPITEAUX IONIQUES DE LA FACE OCCIDENTALE,
du Temple de Minerve Poliade et du Portique du Temple d'Erechthée à Athènes.

Planche XXII.

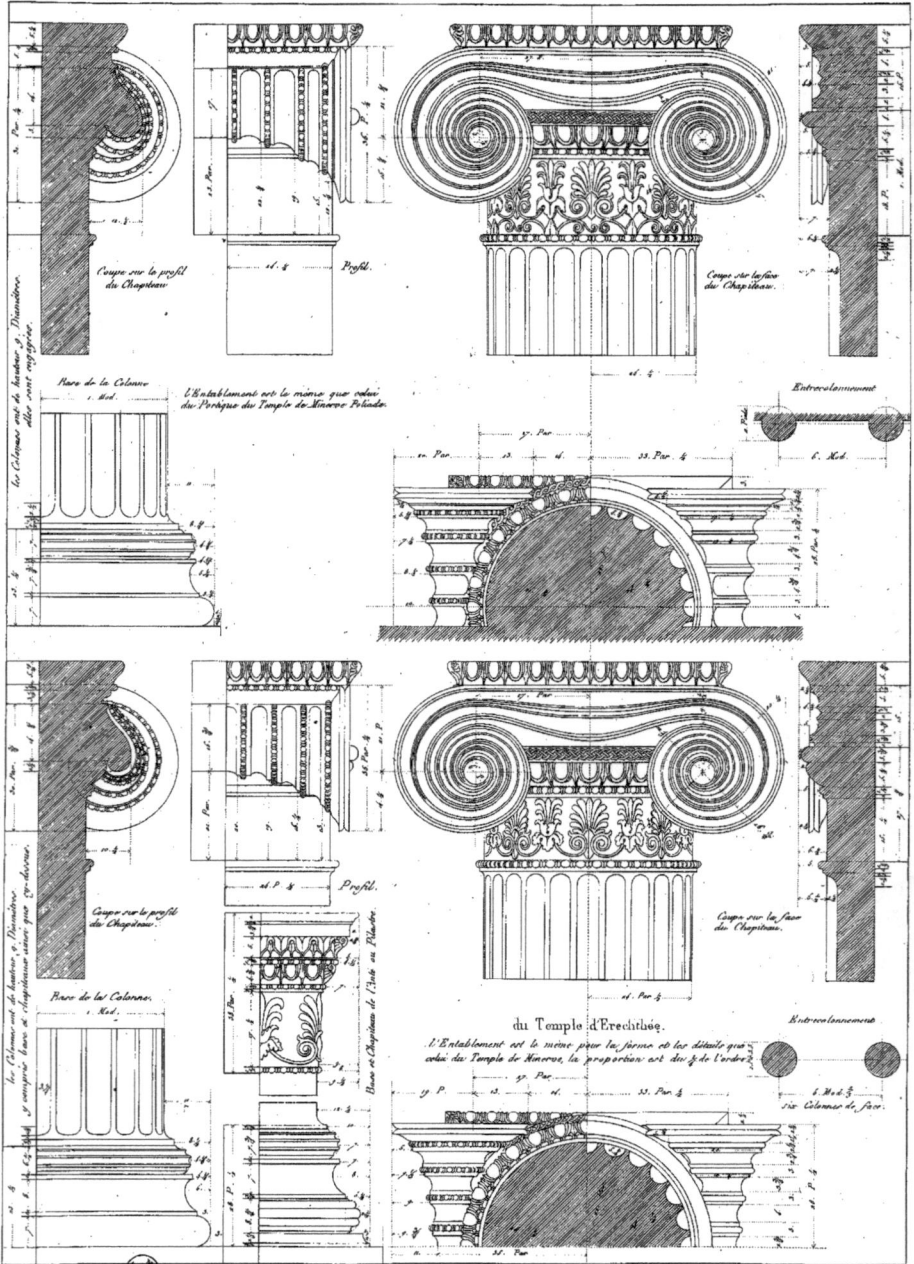

Coupe sur le profil du Chapiteau

Profil.

Coupe sur la face du Chapiteau.

Base de la Colonne. 1 Mod.

les Colonnes ont de hauteur 9 Diamètres, elles sont cannelées.

L'Entablement est le même que celui du Portique du Temple de Minerve Poliade.

Entrecolonnement

6. Mod.

Coupe sur le profil du Chapiteau

Profil.

Base et Chapiteau de l'Ante ou Pilastre.

Coupe sur la face du Chapiteau.

Base de la Colonne. 1 Mod.

les Colonnes ont de hauteur 9 Diamètres, y compris base et chapiteau ainsi que ci-dessous.

du Temple d'Erechthée.

L'Entablement est le même pour la forme et les détails que celui du Temple de Minerve, la proportion est du ⅞ de l'ordre.

Entrecolonnement

6. Mod. ⅓ Six Colonnes de face.

2 Pieds.

3 Modules.

Planche XXIII.

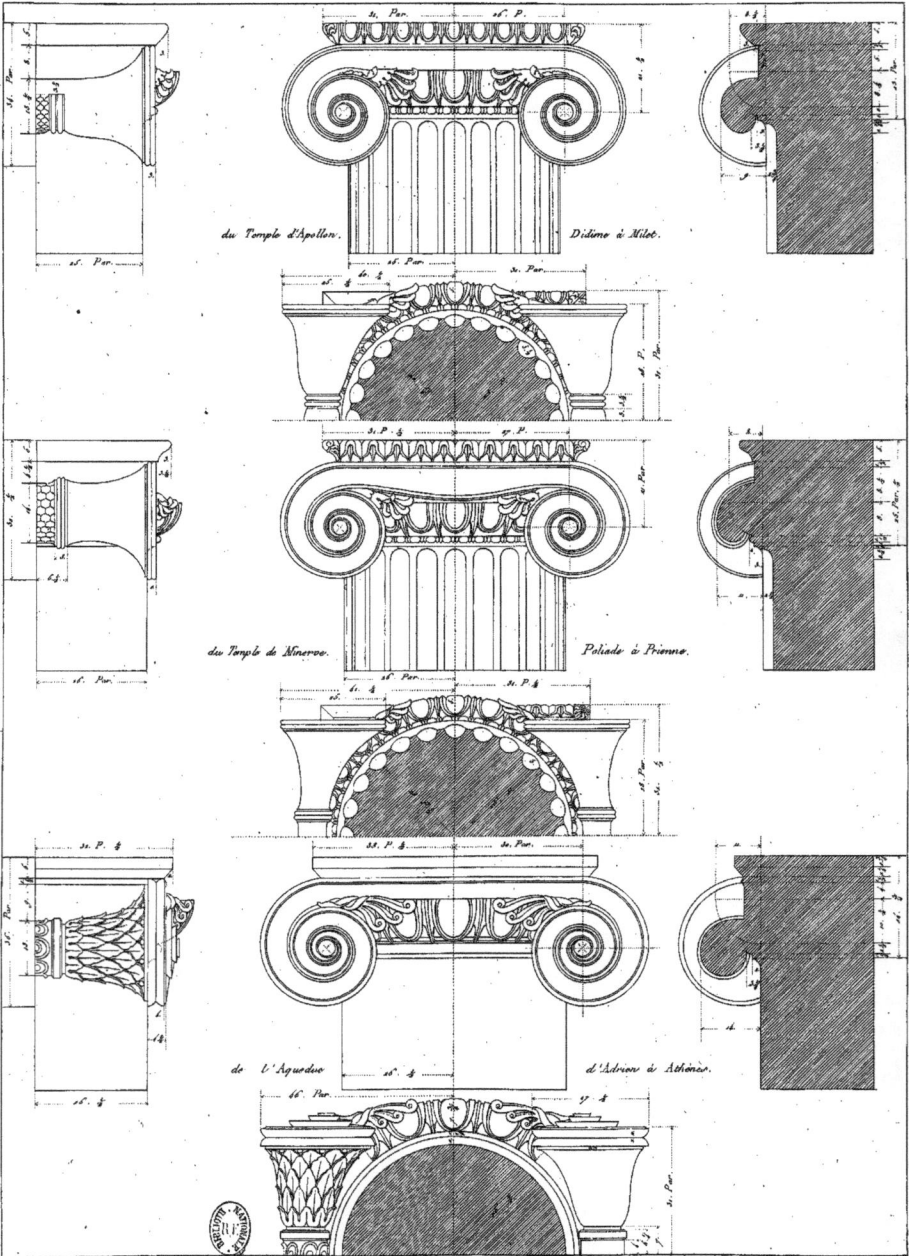

du Temple d'Apollon.   Didime à Milet.

du Temple de Minerve.   Poliade à Prienne.

de l'Aqueduc   d'Adrien à Athènes.

SOUBASSEMENT, BASE, CHAPITEAU ET ENTABLEMENT IONIQUE,
du Temple de la fortune Virile à Rome.

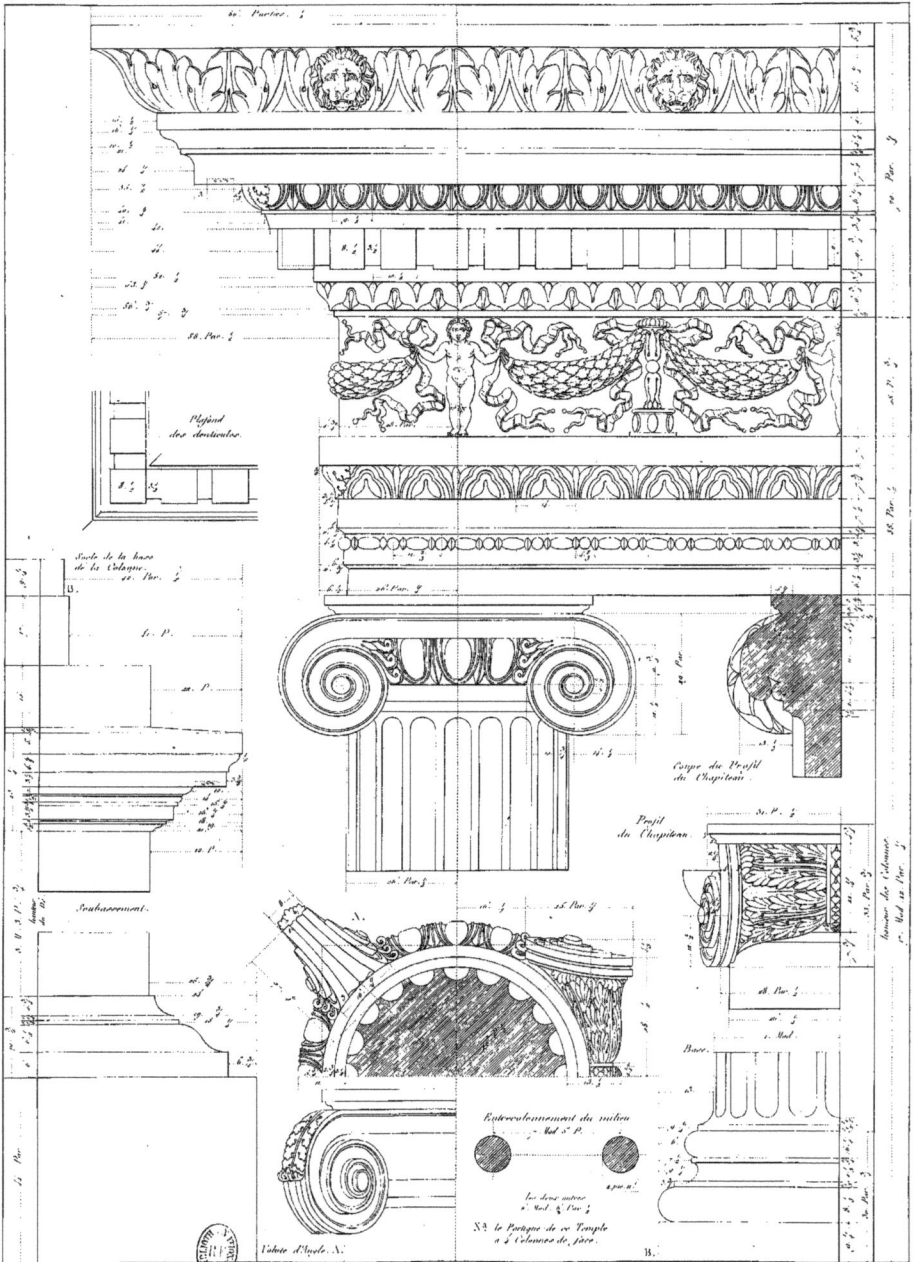

PIÉDESTAL, BASE, CHAPITEAU ET ENTABLEMENT,
de l'Ordre Ionique, du Théâtre de Marcellus à Rome.

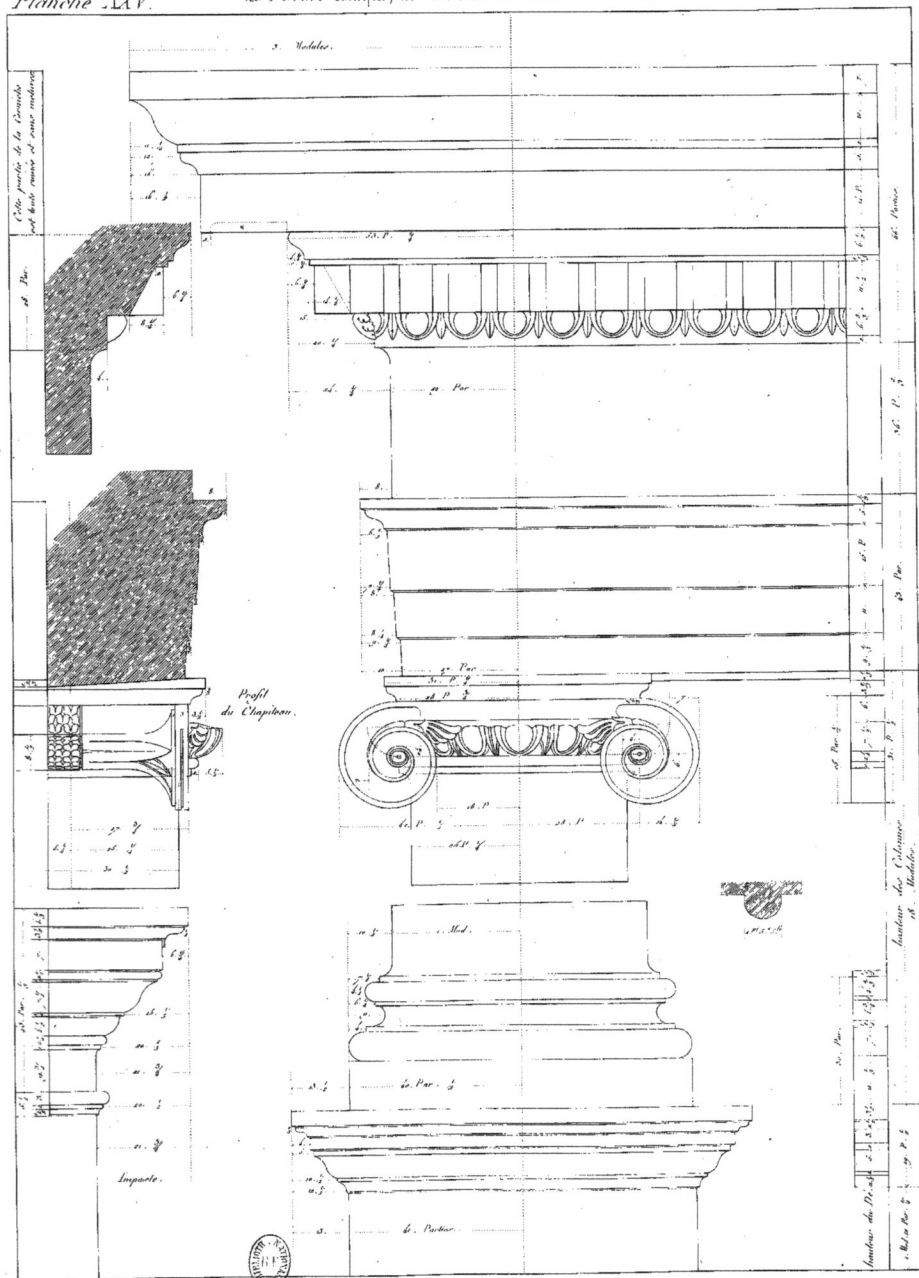

Profil du Chapiteau.

Imposte.

BASE ET CHAPITEAU D'UN PILASTRE IONIQUE ET SON ENTABLEMENT,

tiré des Thermes de Dioclétien, à Rome.

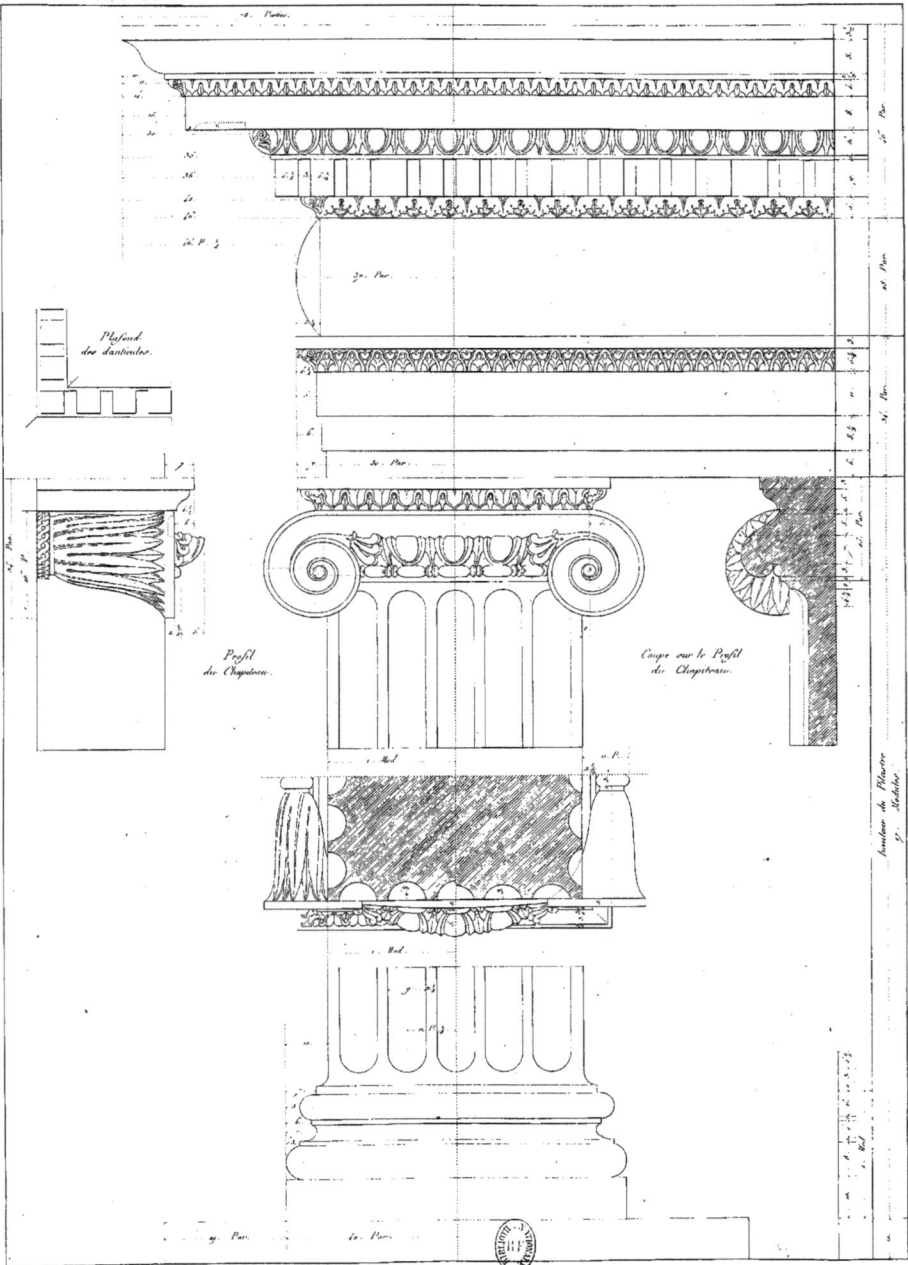

Plafond
des dontoules.

Profil
du Chapiteau.

Coupe sur le Profil
du Chapiteau.

Plafond.

Profil du Chapiteau.

Coupe du Chapiteau.

Socle de la Base.

Œil de la Volute.

Imposte et Architrave.

Base de la Colonne.

Entrecolonnement simple.

Arcade entre des Colonnes sur leurs Piédestaux.

PIEDESTAL, BASE, CHAPITEAU ET ENTABLEMENT IONIQUE,
de Vincent Scamozzi.

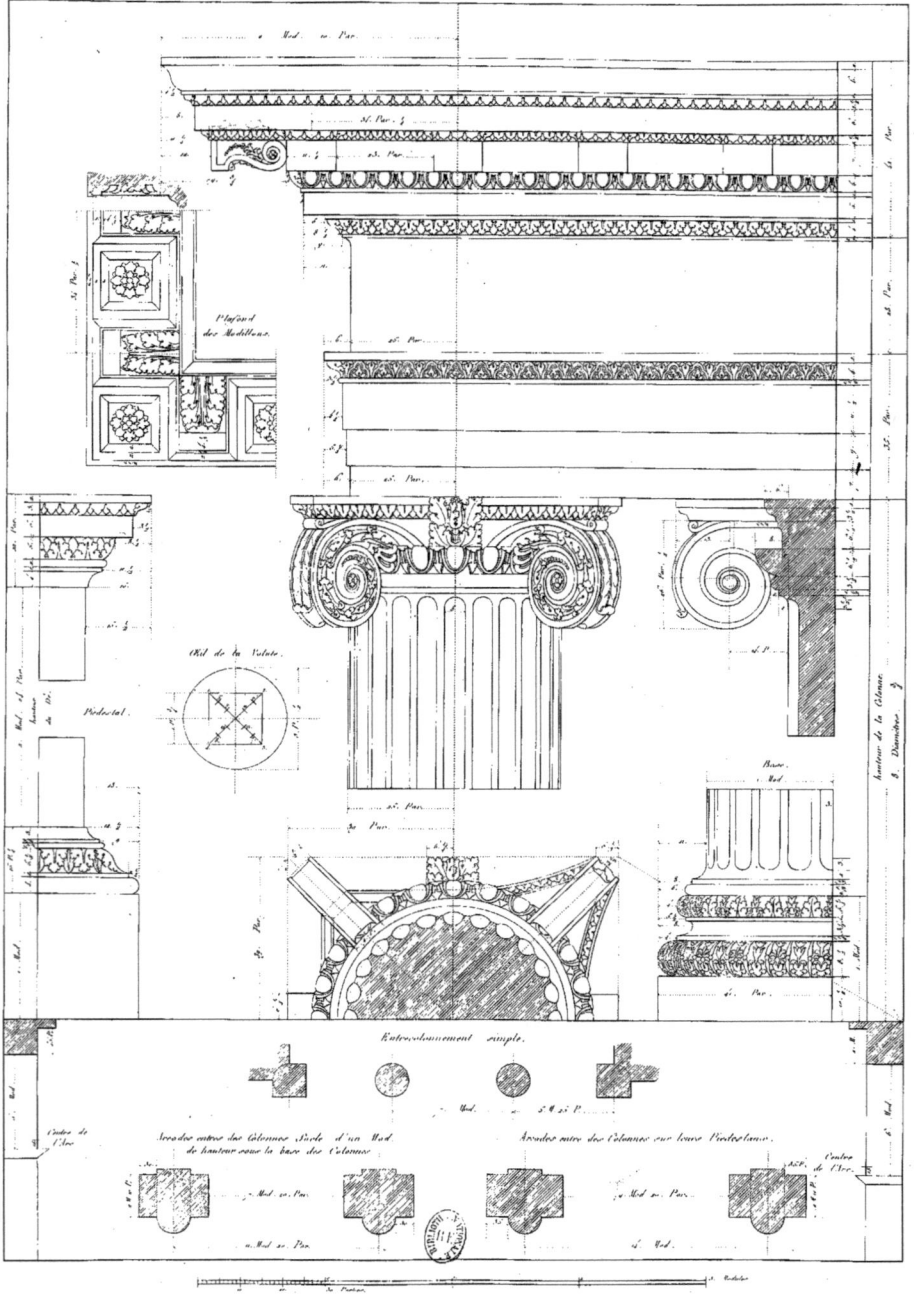

Plafond des Modillons.

Œil de la Volute.

Piédestal.

Base.

Entrecolonnement simple.

Arcades entre des Colonnes Socle d'un Mod. de hauteur sous la base des Colonnes

Arcades entre des Colonnes sur leurs Piédestaux.

BASE, CHAPITEAU ET ENTABLEMENT IONIQUE,
de Jacques Barozzio, de Vignole.

Imposte et Archivolte.

Profil du Chapiteau.

Coupe du Chapiteau.

Piédestal.

Œil de la Volute.

Base.

Plan du Chapiteau.

Entrecolonnement simple.

Arcades entre des Colonnes.

Arcades entre des Colonnes sur leurs Piédestaux.

ORDRE IONIQUE,
de Serlio et de L.B. Alberti.

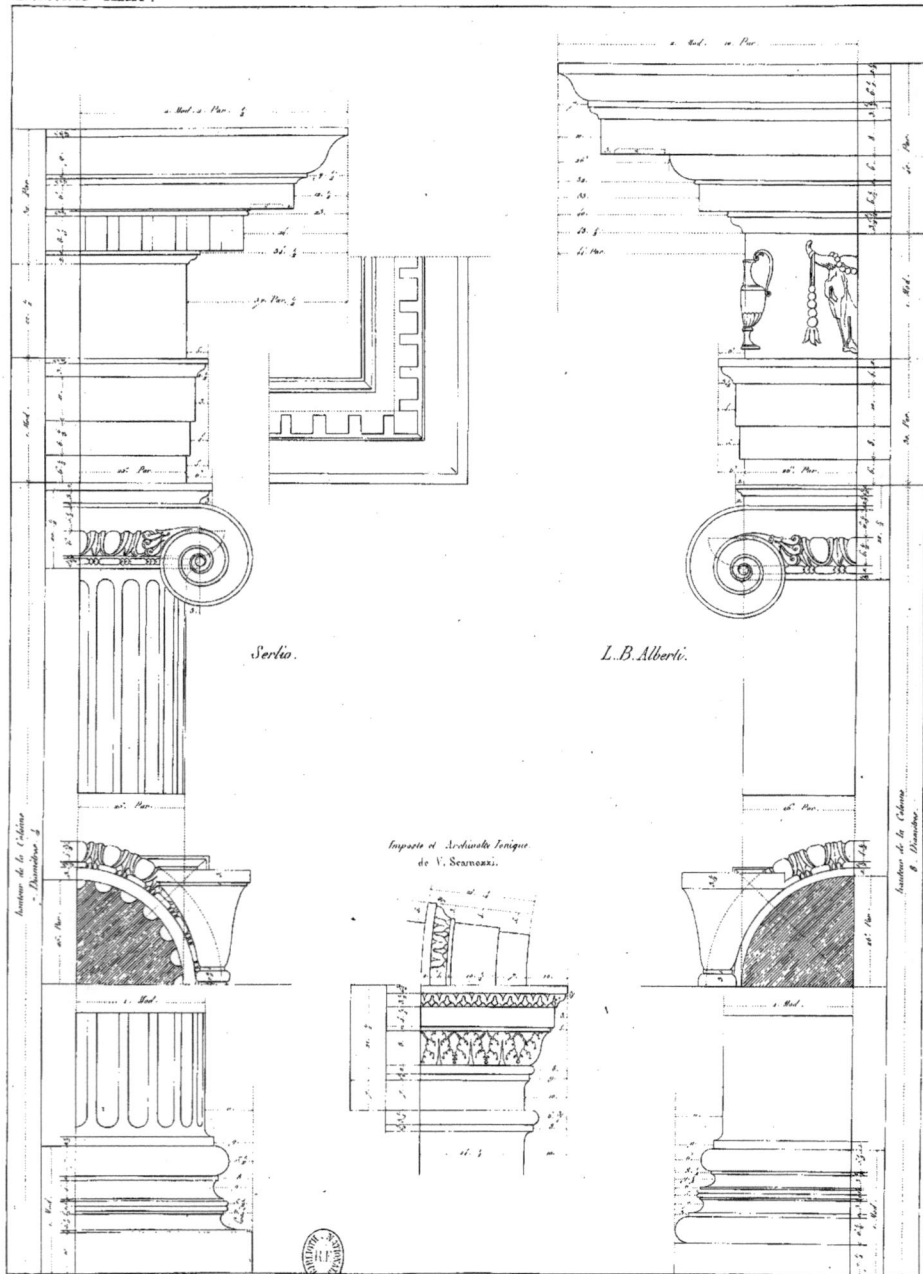

Serlio.

L.B. Alberti.

Imposte et Archivolte Ionique
de V. Scamozzi.

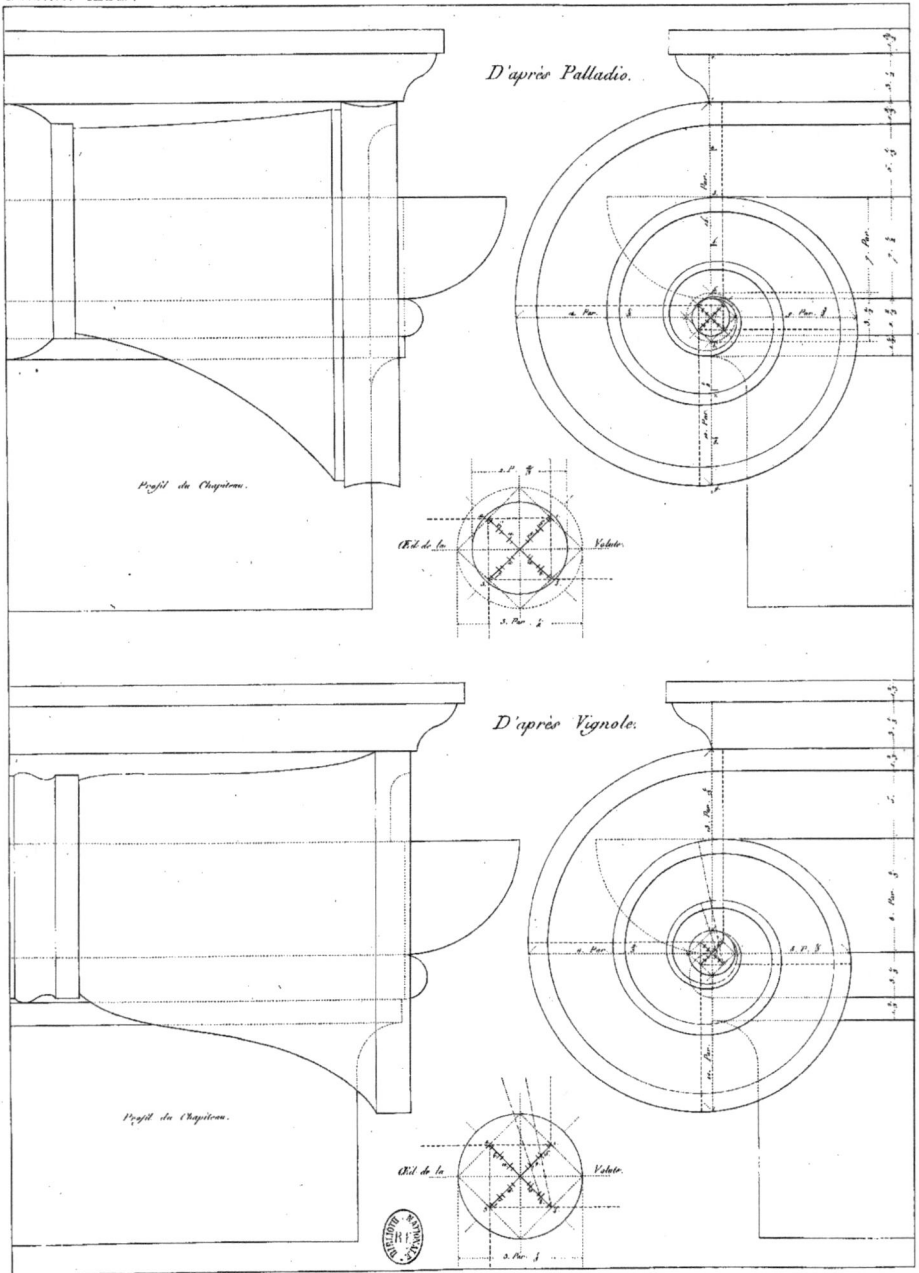

D'après Palladio.

Profil du Chapiteau.

Œil de la Volute.

D'après Vignole.

Profil du Chapiteau.

Œil de la Volute.

D'après d'Aviler.

Profil du Chapiteau.

Manière de diviser les points, pour les portes du centre B, de l'œil de la Volute sur chaque ligance marquées par N.os depuis 1 jusqu'à 12 de son contour.

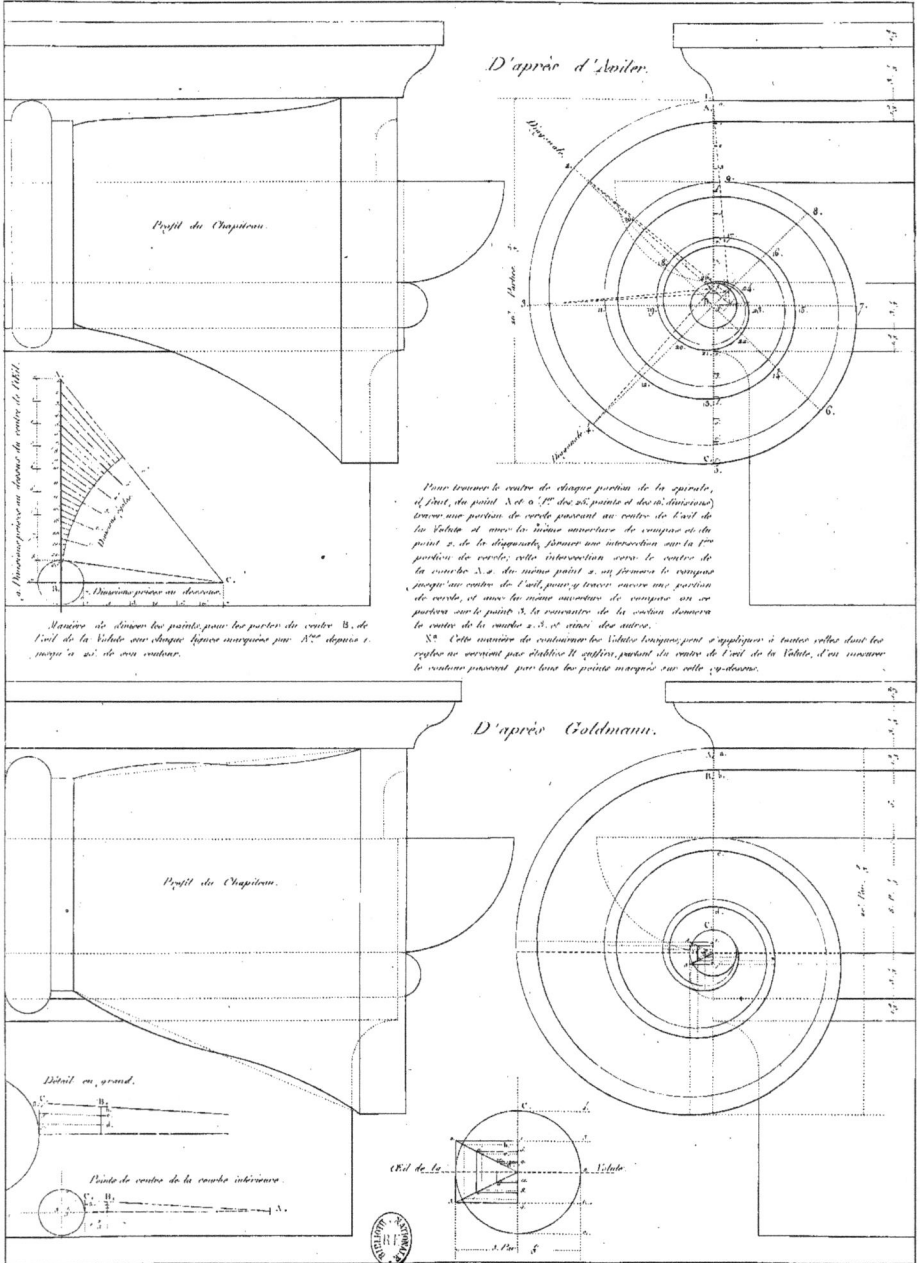

Pour trouver le centre de chaque portion de la spirale, il faut, du point N et o (1.er des 25 points et des 16 divisions) tracer une portion de cercle passant au centre de l'œil de la Volute et avec la même ouverture de compas et du point 2, de la diagonale, former une intersection sur la 1re portion de cercle; cette intersection sera le centre de la courbe N o du même point 2, on prendra le compas jusqu'au centre de l'œil, pour y tracer encore une portion de cercle, et avec la même ouverture de compas on se portera sur le point 3, la rencontre de la section donnera le centre de la courbe 2 3, et ainsi des autres.

N.a Cette manière de contourner les Volutes ioniques, peut s'appliquer à toutes celles dont les règles ne seront pas établie Il suffira, partant du centre de l'œil de la Volute, d'en mesurer le contour passant par tous les points marqués sur celle ci-dessous.

D'après Goldmann.

Profil du Chapiteau.

Détail en grand.

Pointe de centre de la courbe intérieure.

Œil de la

Volute.

BASE, CHAPITEAU ET ENTABLEMENT
du Monument de Lisicrate, ou de la lanterne de Démosthènes à Athènes.

Plan du Chapiteau.

Coupe du Chapiteau.

Plafond des Antirodes.

Unito de la Base de la Colonne.

Centre du Monument.

PIÉDESTAL, BASE, CHAPITEAU ET ENTABLEMENT CORINTHIEN
du Portique de l'Enceinte du Temple de Jupiter Olimpien à Athènes.

Planche XXXIV.

Cannelures jusqu'au tiers du fût de la Colonne.

Base. A.

Entrecolonnement des quatre colonnes du Portique. 8. Mod. environ.

a. Piedo.

Piedestal.

Base. A.

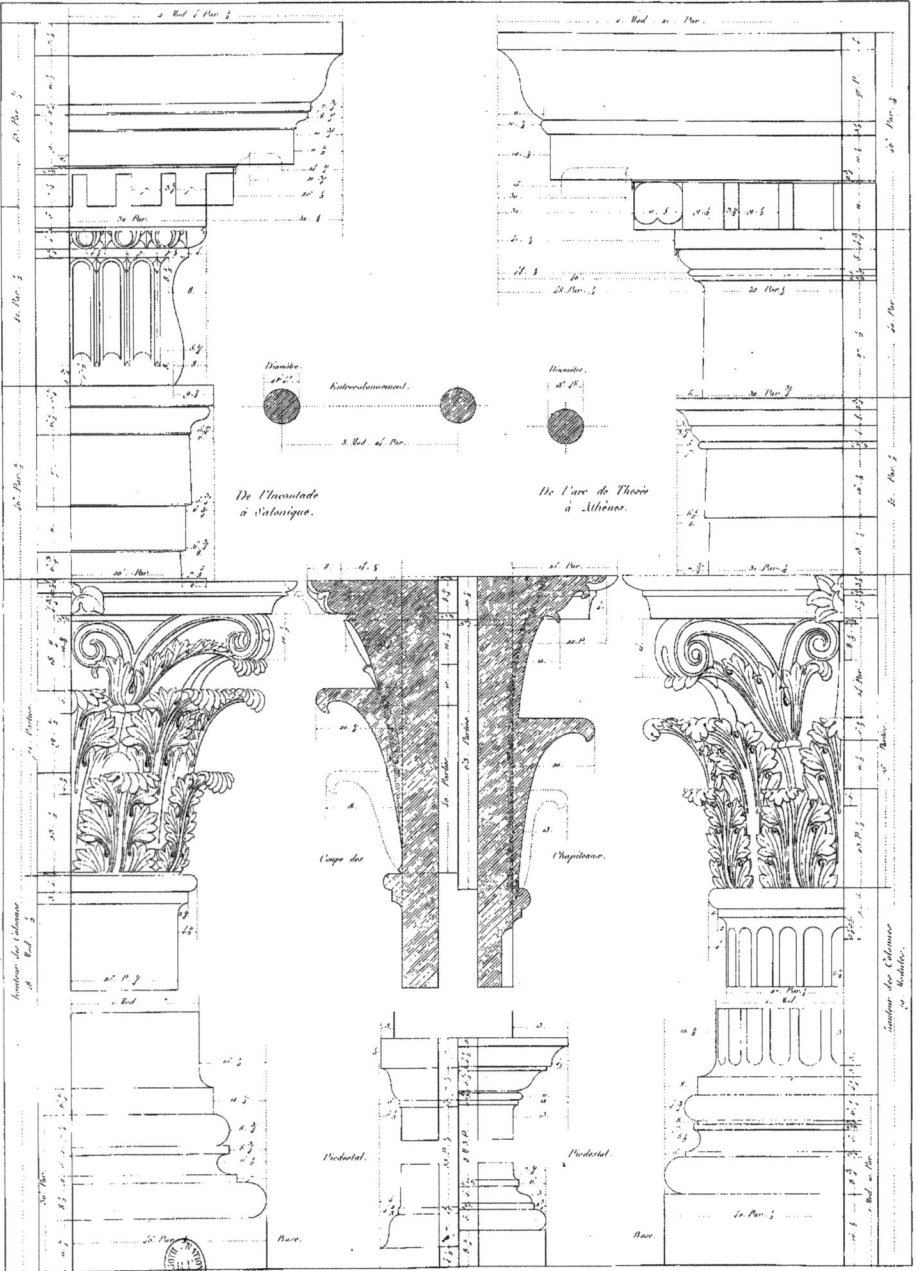

De l'Incantade
à Salonique.

De l'arc de Thésée
à Athènes.

Coupe des

Chapiteaux.

Piédestal.

Piédestal.

Base.

Base.

ENTABLEMENT, BASE ET CHAPITEAU CORINTHIEN
du Temple de Jupiter Stator au Campo Vaccino à Rome.

Plafond des Modillons
et des denticules.

Coupe du soffite
du larmier.

Entrecolonnement.

Coupe du Profil
du Chapiteau.

Base de la
Colonne.

CHAPITEAU ET ENTABLEMENT CORINTHIEN
du Temple de Jupiter Tonnant à Rome.

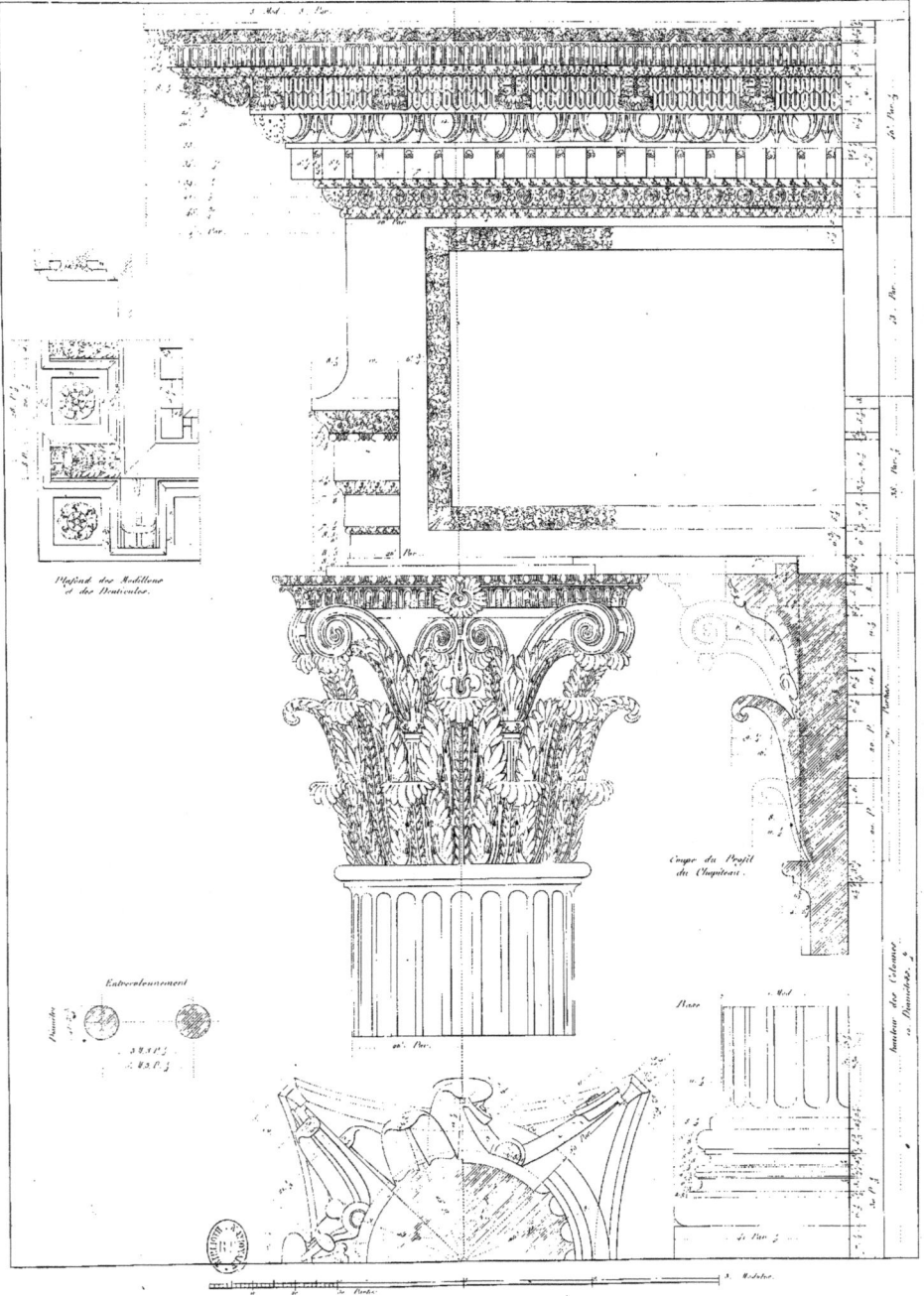

Plafond des Modillons
et des Denticules.

Entrecolonnement.

Coupe du Profil
du Chapiteau.

Base.

BASE, CHAPITEAU ET ENTABLEMENT CORINTHIEN
du Portique du Panthéon à Rome.

Planche XXXVIII.

Plafond
des Modillons.

Pilastre
du mur portique.

Coupe par le milieu
des Chapiteaux.

Base de la Colonne.

BASE CHAPITEAUX, ET ENTABLEMENT CORINTHIEN,
de l'Intérieur du Panthéon, ou de la Rotonde à Rome.

Planche XXXIX.

Plafond des Modillons
fait en retour d'équerre,
la bande qui les appuye
caché par le haut d'une partie.

Chapiteau du Pilastre
arrangé sur le profil, le galbe
et la hauteur des feuilles, de
celui de la Colonne.

Coupe du Profil
du Chapiteau.

Cannelure des deux Colonnes
de la Chapelle, en face de la
Porte d'Entrée.

Base
à Mod.

état actuel.

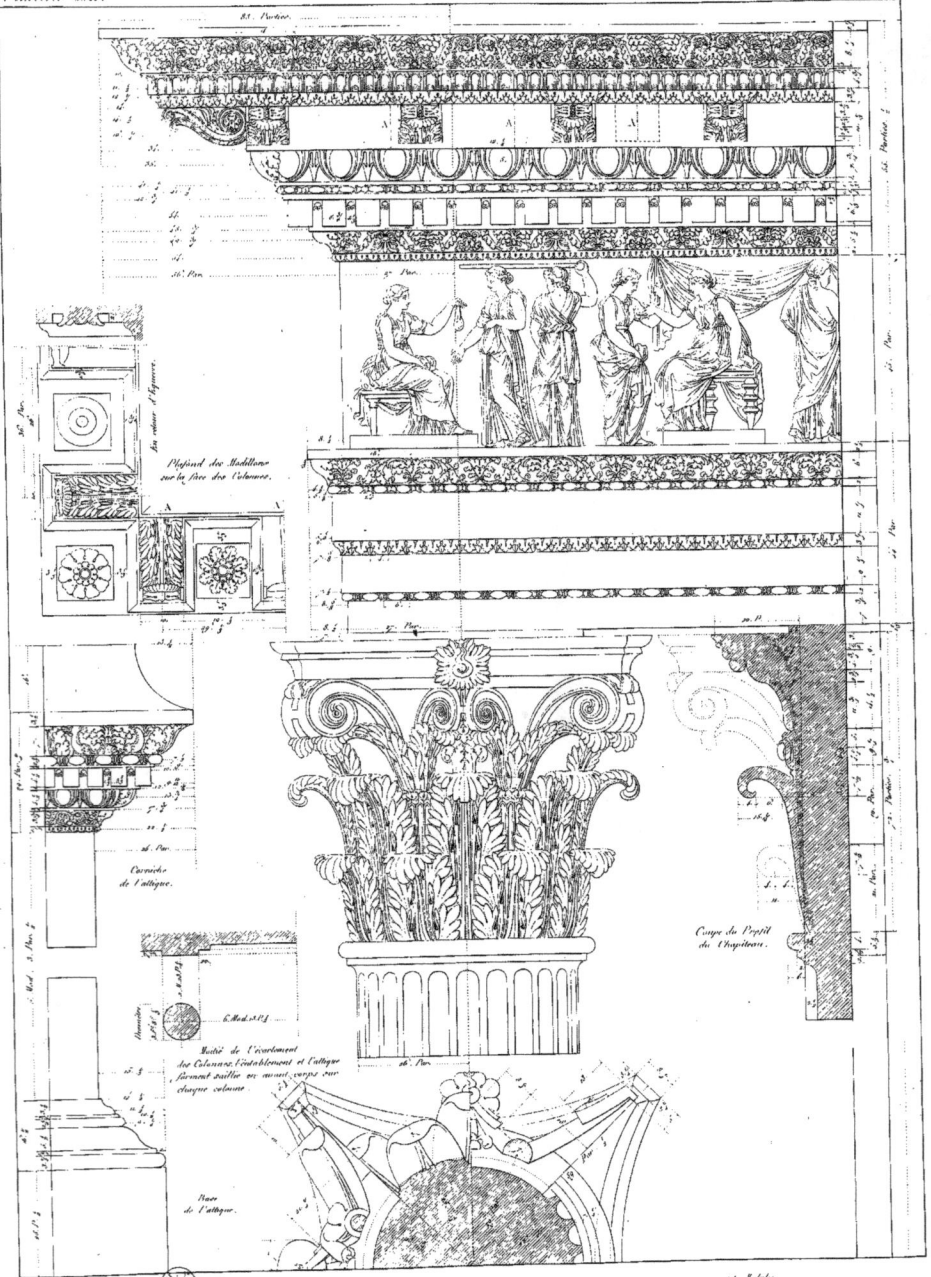

CHAPITEAU ET ENTABLEMENT CORINTHIEN
de la Place de Nerva à Rome.

Plafond des Modillons
sur la face des Colonnes.

En avant d'équerre.

Corniche
de l'attique.

Coupe du Profil
du Chapiteau.

Moitié de l'écartement
des Colonnes, l'entablement et l'attique
faisant saillie en avant, corps sur
chaque colonne.

Base
de l'attique.

BASE, CHAPITEAU ET ENTABLEMENT CORINTHIEN
du Temple d'Antonin et de Faustine à Rome.

Planche XLI.

Détails
du Larmier.

du quart de rond.

de la Cymaise inférieure.

Coupe du Profil
du Chapiteau.

Base.
1. Mod.

Entrecolonnement
des milieux.

Ce Temple
a six Colonnes de face.

BASE, CHAPITEAU ET ENTABLEMENT CORINTHIEN
du Frontispice de Néron à Rome.

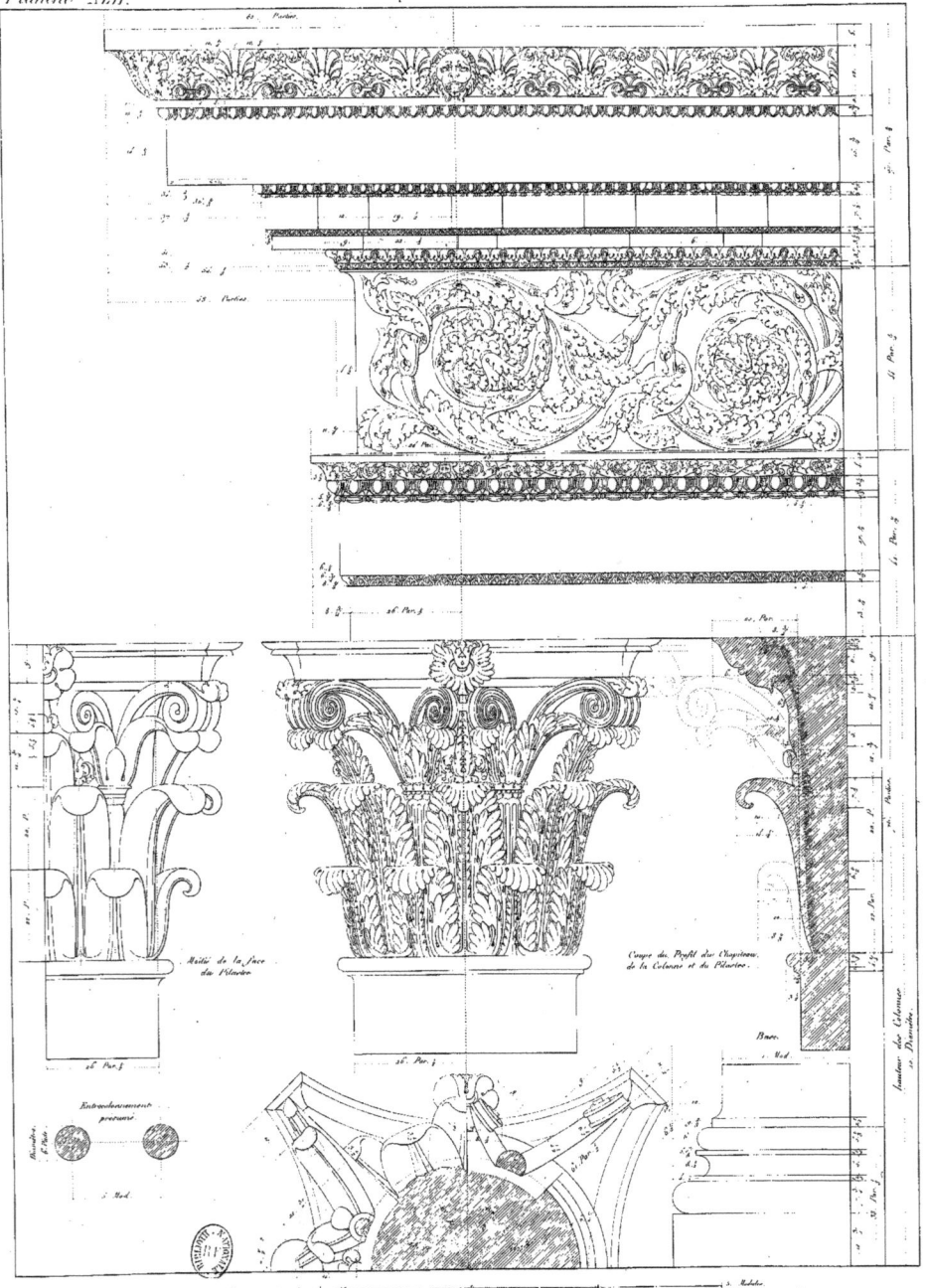

Moitié de la face
du Pilastre.

Coupe du Profil du Chapiteau,
de la Colonne et du Pilastre.

Base.

Entrecolonnement
presumé.

Hauteur des Colonnes
et Pilastres.

PIÉDESTAL, BASE, CHAPITEAU ET ENTABLEMENT CORINTHIEN
de l'Arc de Constantin à Rome.

Plafond des Modillons.

Plinthe de la Base.

Piédestal.

Coupe du Profil du Chapiteau.

Base.

Diamètre.

Échelle.

du Temple
*de Mars le Vengeur
à Rome.*

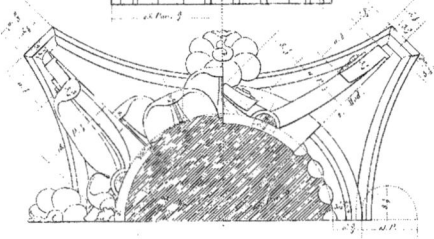

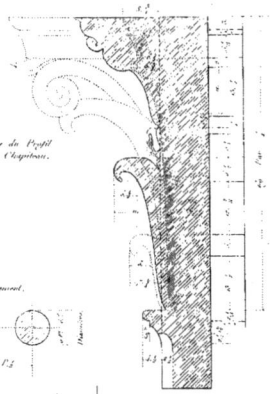

*Coupe du Profil
du Chapiteau.*

Entrevolumnement.

Frise.

Architrave.

de la Basilique
d'Antonin à Rome.

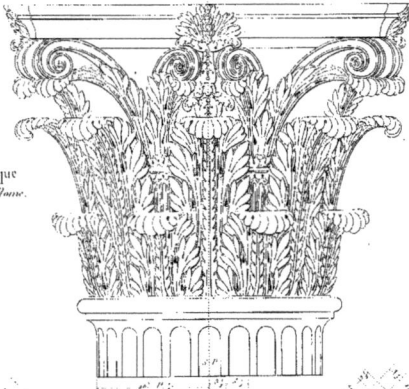

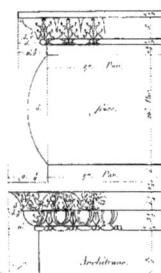

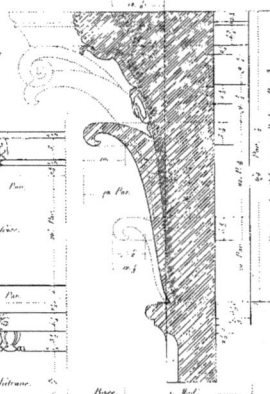

*Coupe du Profil
du Chapiteau.*

Frise.

Architrave.

Base.

Entrecolonnement.

Plinthe
de la Base.

PIÉDESTAL, BASE, CHAPITEAU ET ENTABLEMENT CORINTHIEN
d'André Palladio

Plafond des Modillons.

Imposte et Archivolte.

Plynthe de la Base.

Piédestal.

Coupe du Profil du Chapiteau.

Base.

hauteur des Colonnes 9. Diamètres et demi.

Retroussement simple élevé sur trois marches.

Arcades entre des Colonnes sur leurs Piédestaux.

hauteur des Arcades.

Cintre.

PIEDESTAL BASE CHAPITEAU ET ENTABLEMENT CORINTHIEN
de Vincent Scamozzi.

PIÉDESTAL, BASE, CHAPITEAU ET ENTABLEMENT CORINTHIEN
de J. Barozzio de Vignole.

Plafond des Modillons.

Plinthe de la Base.

Piédestal.

Entrecolonnement simple.

demi-Arcade entre des Colonnes.

Bb

demi-Arcade entre des Colonnes sur leurs Piédestaux.

Aa

Coupe du Profil du Chapiteau.

Base.

ORDRE CORINTHIEN
de Serlio et de L.B. Alberti.

Serlio.

L.B. Alberti.

Plafond des Modillons.

Impostes et Archivoltes des Arceaux.

l'imposte.

Corinthien.

Base.

Base.

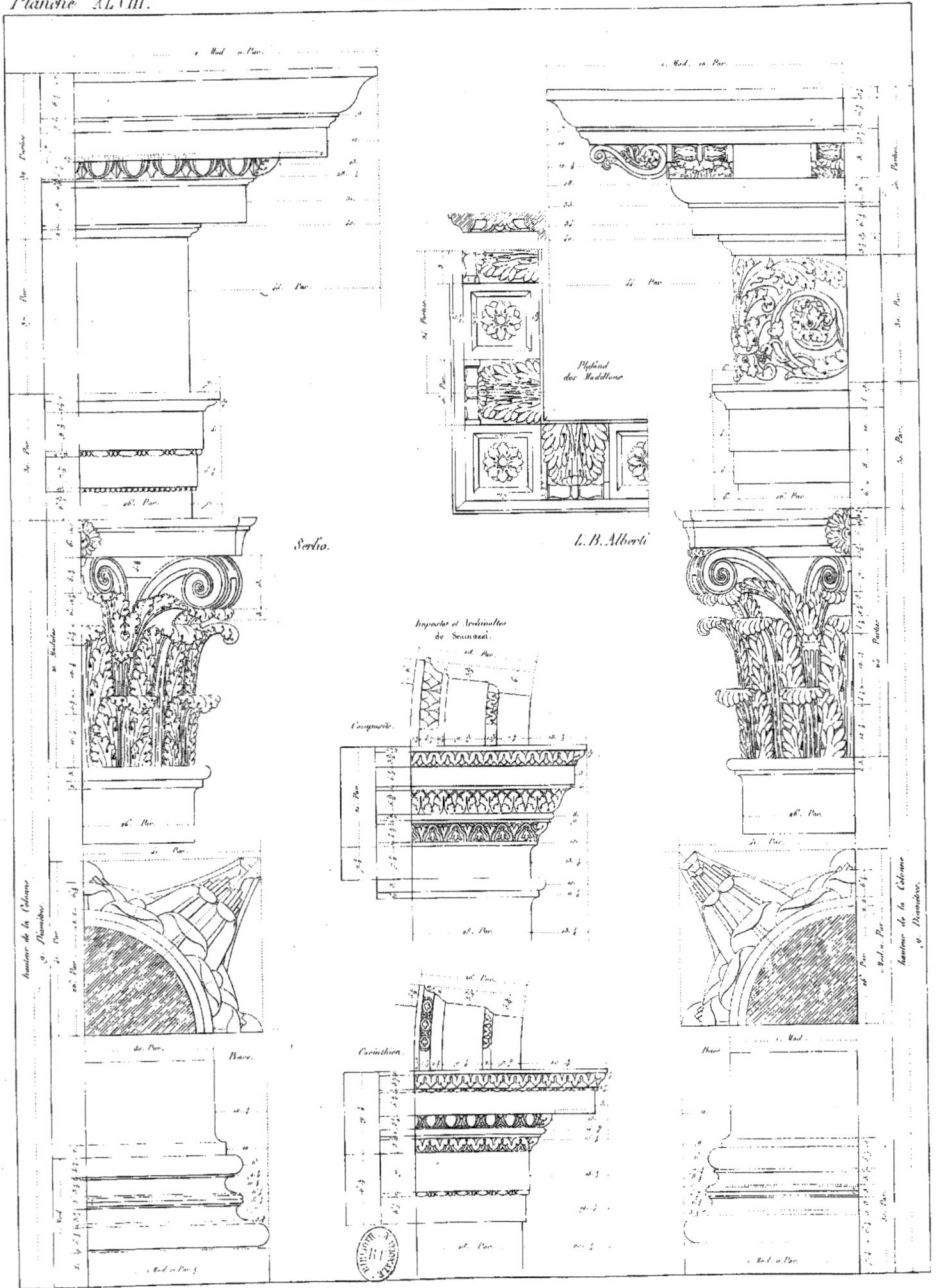

Planche XLIX.

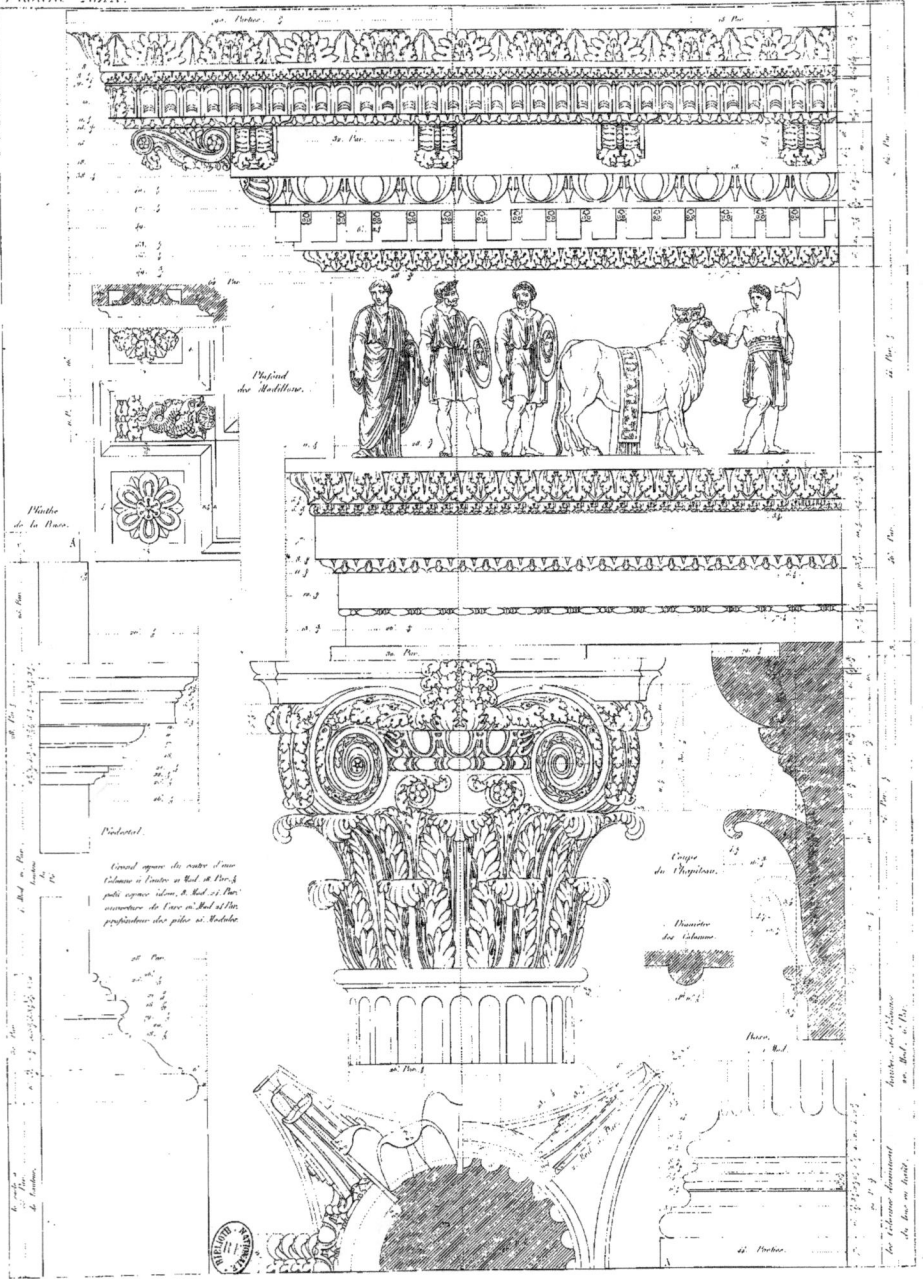

PIEDESTAL, BASE, CHAPITEAU ET ENTABLEMENT COMPOSITE
de l'Arc de Septime Sévère à Rome.

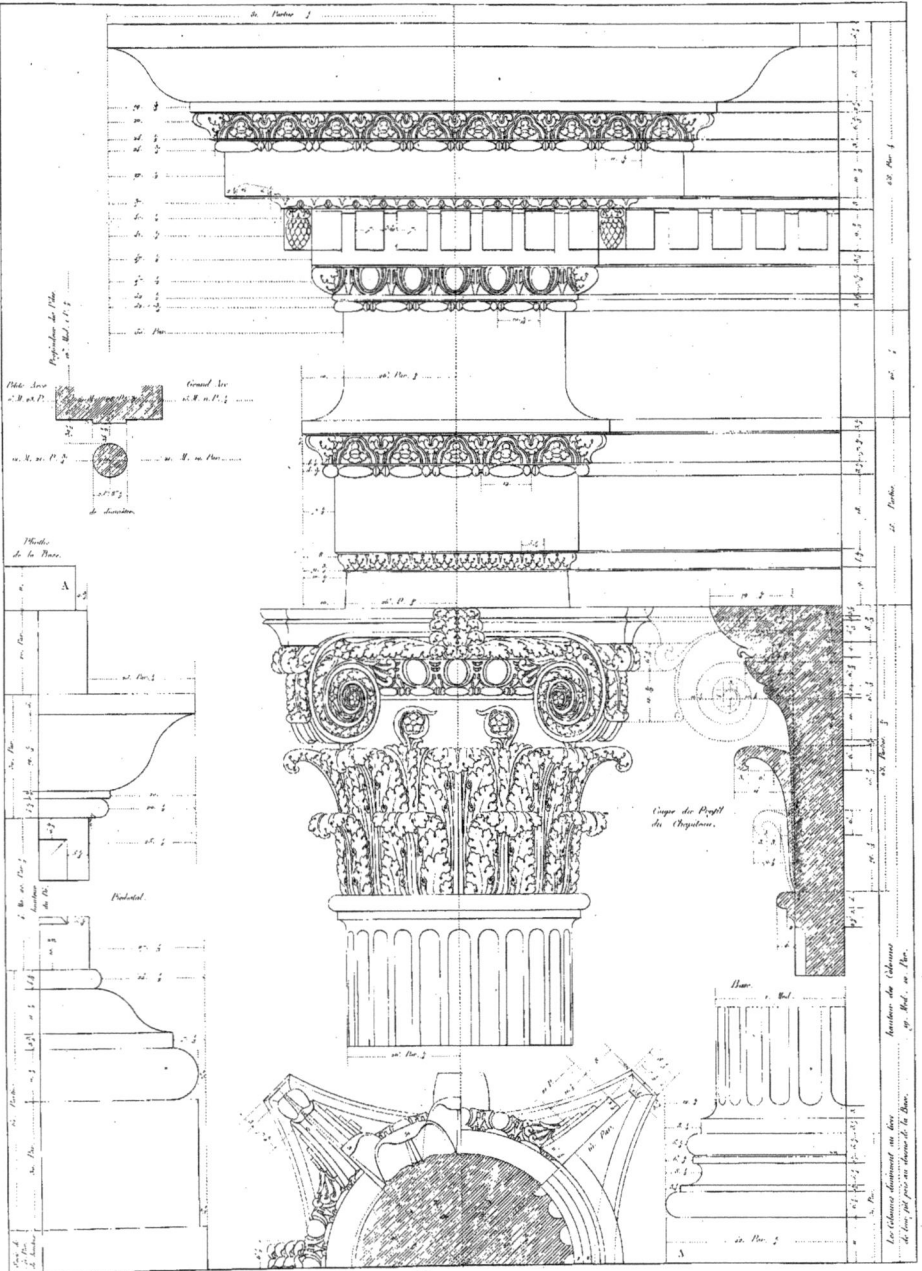

BASE, CHAPITEAU ET ENTABLEMENT COMPOSITE
de la Grande Salle des Thermes de Dioclétien à Rome.

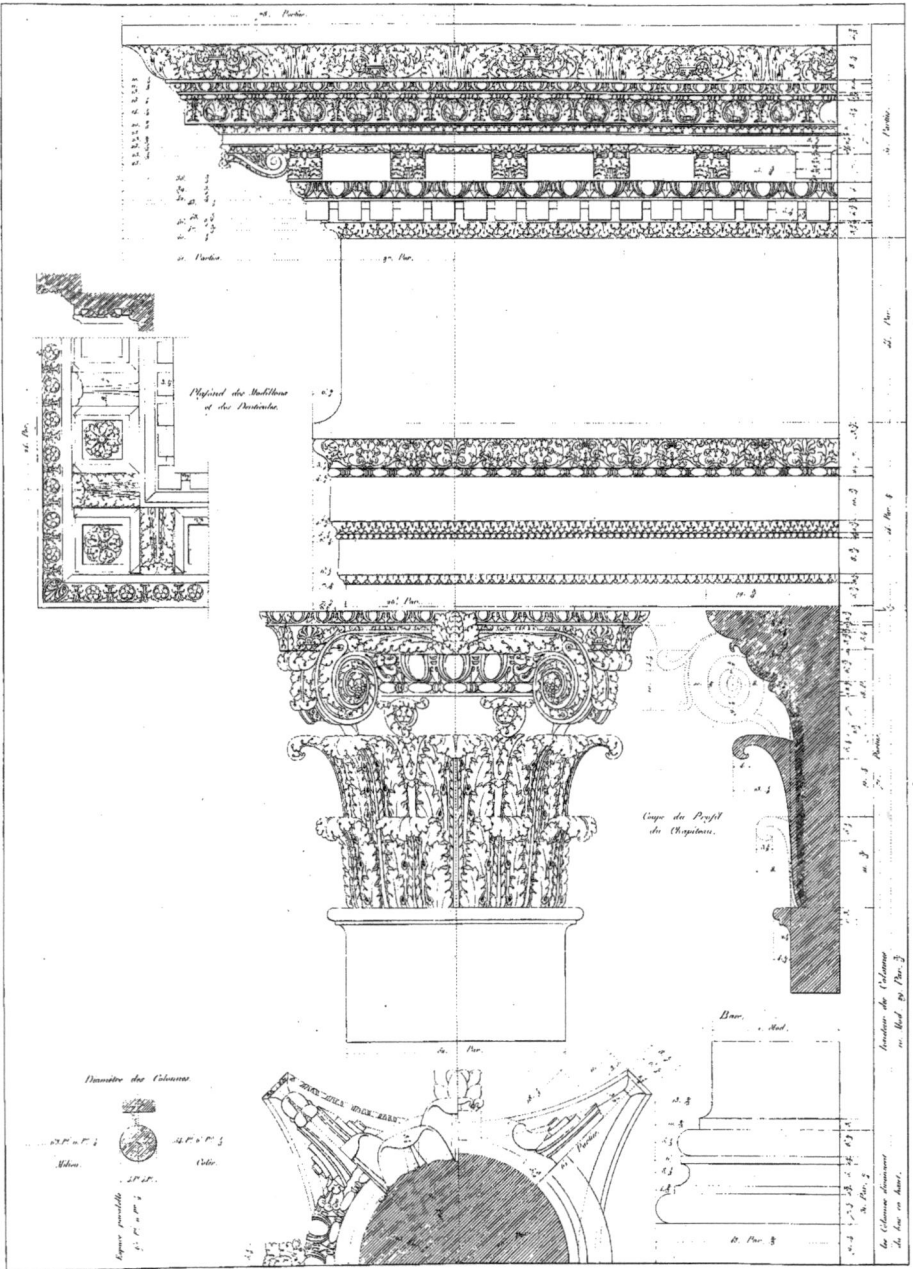

Plafond des Modillons
et des Denticules.

Coupe du Profil
du Chapiteau.

Base.

Diamètre des Colonnes.

Milieu.

Colar.

PIEDESTAL, BASE, CHAPITEAU ET ENTABLEMENT COMPOSITE
d'André Palladio.

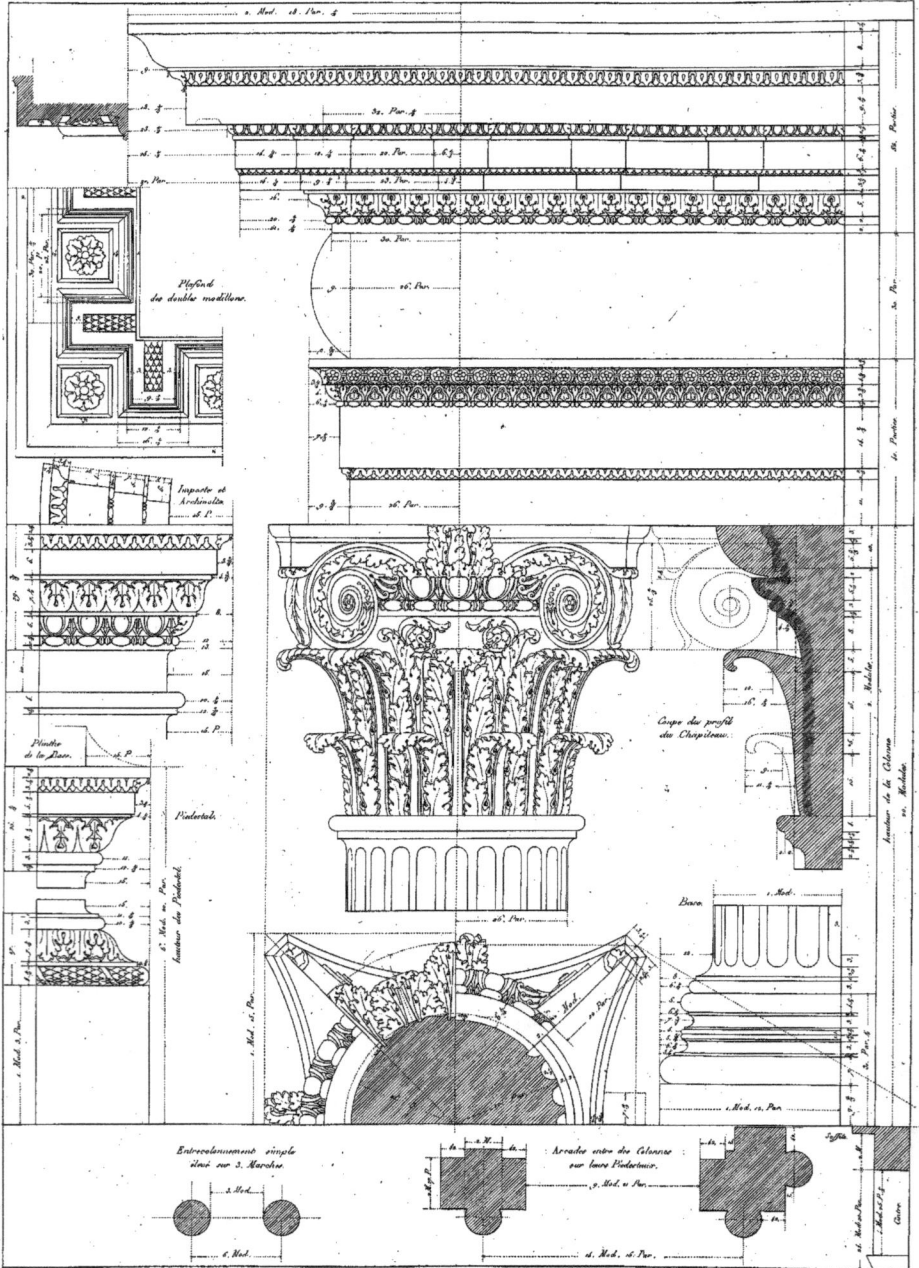

Plafond des doubles modillons.

Imposte et Archivolte.

Plinthe de la Base.

Piédestal.

Hauteur du Piédestal.

Coupe du profil du Chapiteau.

Base.

Hauteur de la Colonne en Modules.

Entrecolonnement simple élevé sur 3 Marches.

Arcades entre des Colonnes sur leurs Piédestaux.

PIÉDESTAL, BASE, CHAPITEAU ET ENTABLEMENT ROMAIN,
ou Composite, de Vincent Scamozzi.

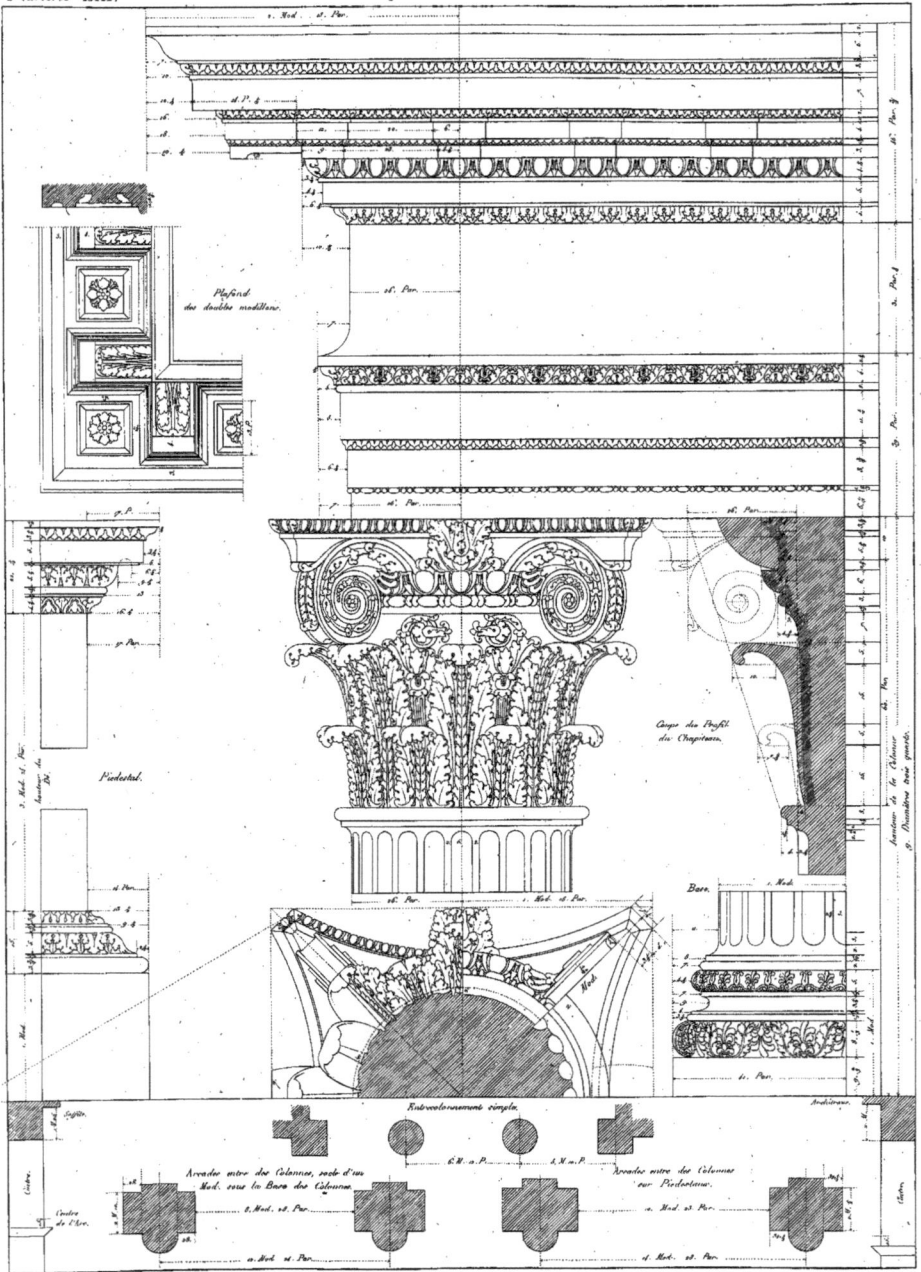

Plafond
des doubles modillons.

Piédestal.

Coupe du Profil
du Chapiteau.

Base.

Entrecolonnement simple.

Arcades entre des Colonnes, socle d'un
Mod. sous les Bases des Colonnes.

Arcades entre des Colonnes
sur Piédestaux.

PIEDESTAL, BASE, CHAPITEAU ET ENTABLEMENT COMPOSITE
de J. Barrozzio de Vignole.

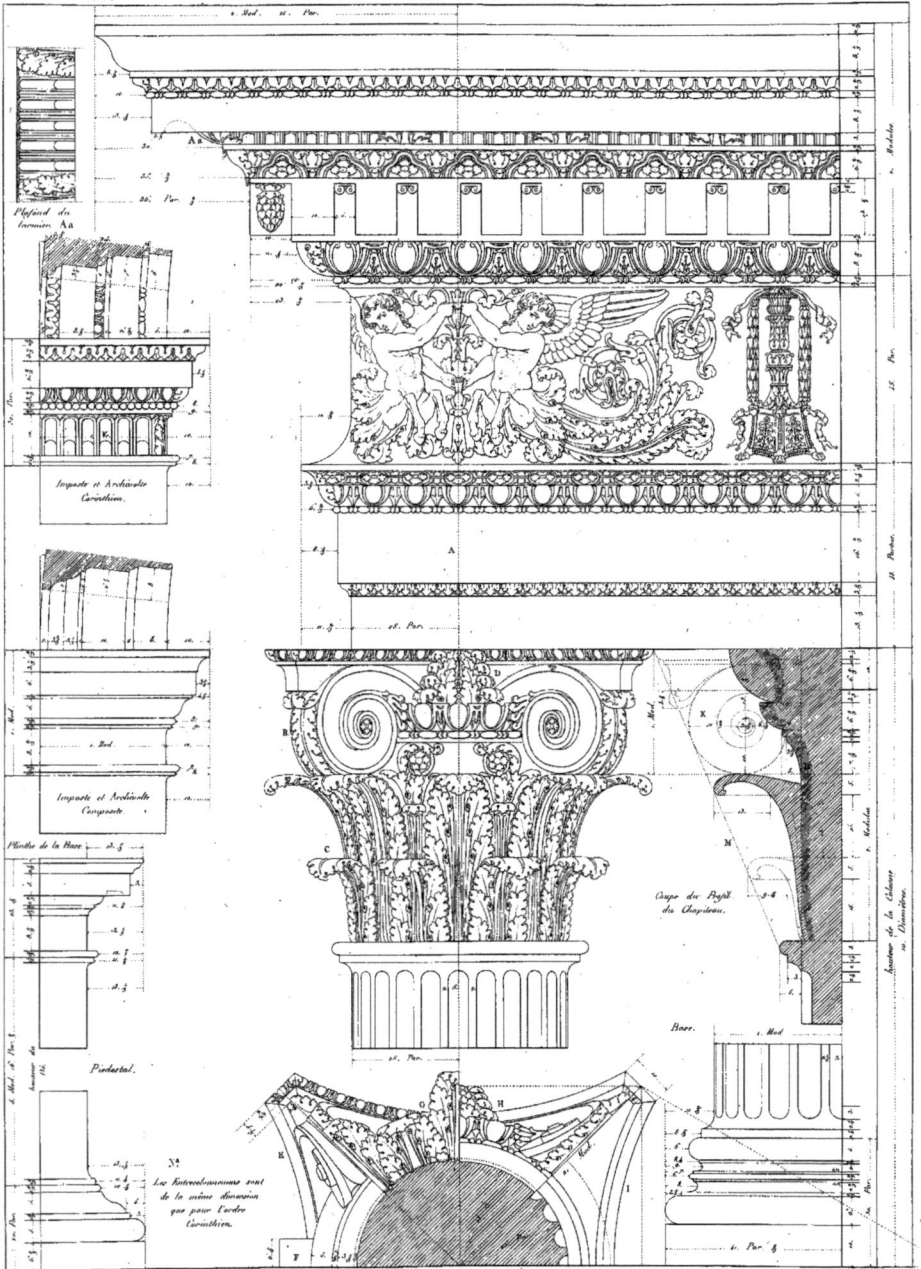

Plafond du larmier. Aa

Imposte et Archivolte Corinthien.

Imposte et Archivolte Composite.

Plinthe de la Base.

Piedestal.

Les Entrecolonnemens sont de la même dimension que pour l'ordre Corinthien.

Coupe du Profil du Chapiteau.

Base.

SOUBASSEMENT CARYATIDE ET ENTABLEMENT
du Temple de Pandrose à Athènes.

Plafond
des Denticules.

Distance d'une
Caryatide à l'autre.

Plinthe de la Caryatide.

Soubassement

Ante.

Nᵒ. Pour la forme d'une des
Caryatides suyees de face ou des Caryatides suyees de profil.

Nᵒ. Il y a au dessous de ce socle deux marches de 3a. Par. ½
de hauteur, et dont la saillie est de 12 à 15. Parties.

PIEDOUCHE, CARYATIDE ET ENTABLEMENT
de la salle des Antiques au Louvre. Par Jean Goujon.

Plafond
du Larmier.

Plan par moitié du Piedouche.

Dessus
de la Plinthe. A

Élévation de la moitié du Piedouche.

Espacement des Caryatides.

N° Le Modèle est celui
de l'ordre qui décore la salle.

N° Pour la figure d'une des Caryatides
voyez le frontispice.

Plinthe des

Caryatides. A

ENTABLEMENS.

Pl. LVII.   Des petits autels du Panthéon à Rome.   Du Temple de la Paix à Rome.

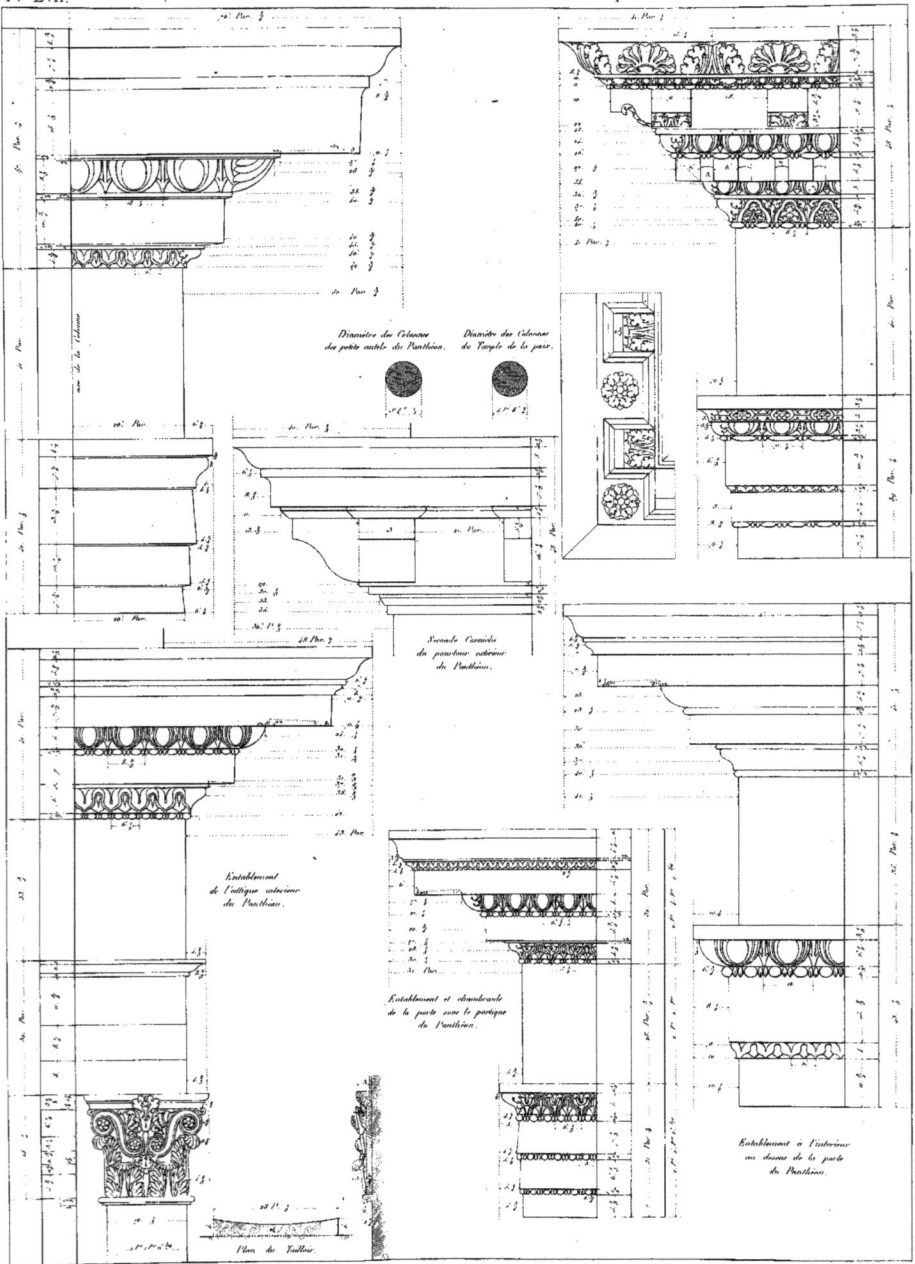

Diamètre des Colonnes
des petits autels du Panthéon.

Diamètre des Colonnes
du Temple de la paix.

Seconde Corniche
du pourtour extérieur
du Panthéon.

Entablement
de l'attique intérieur
du Panthéon.

Entablement et chambranle
de la porte sous le portique
du Panthéon.

Entablement à l'intérieur
au dessus de la porte
du Panthéon.

Plan du Tailloir.

ENTABLEMÉNS, IMPOSTES ET ARCHIVOLTES.

Pl. LVIII.   Ionique du 2.me Ordre du Colisée à Rome.   Corinthien du 3.me Ordre du Colisée à Rome.

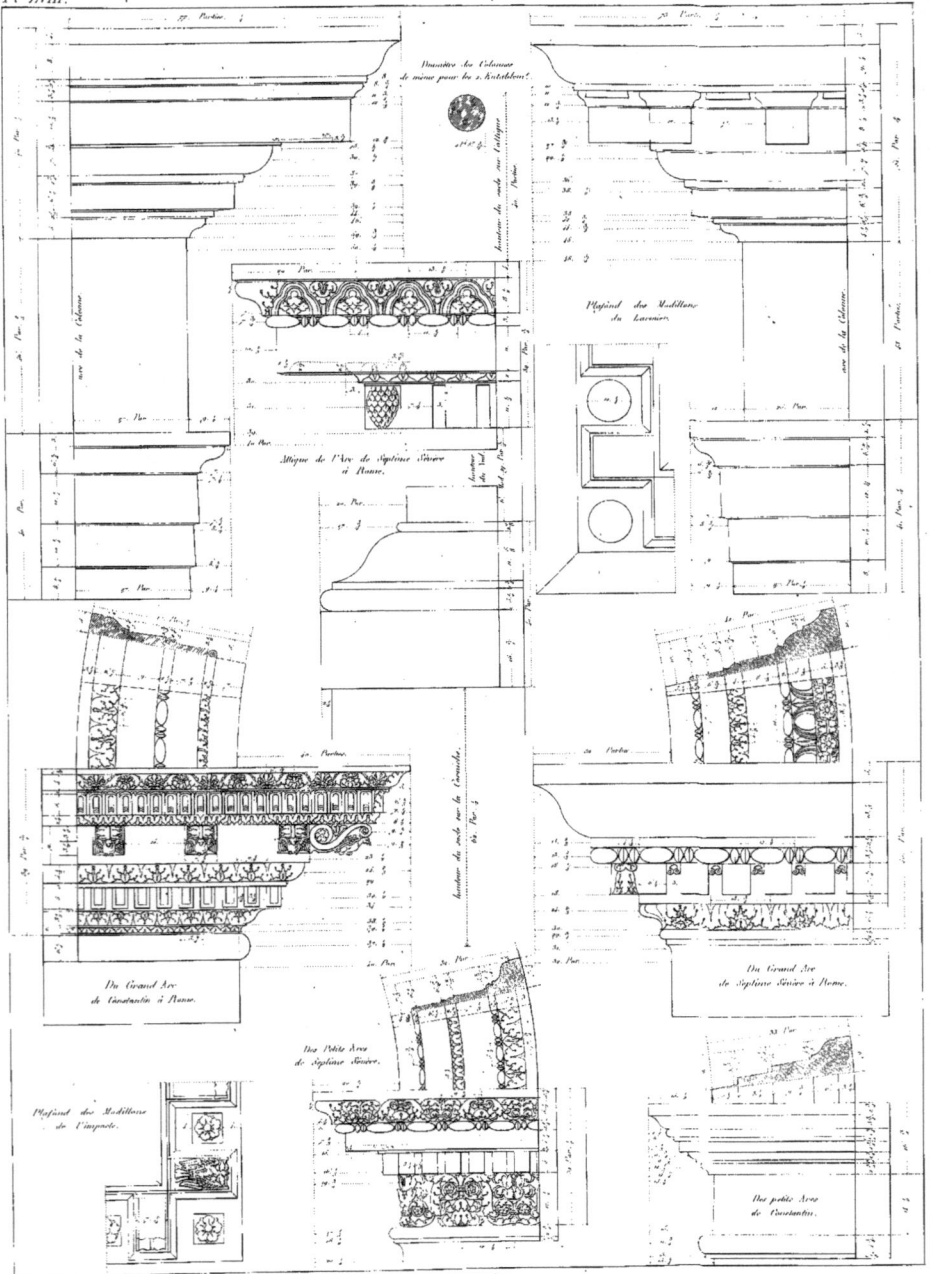

Diamètre des Colonnes
de même pour les 2 Entablemens.

Hauteur du socle sur l'attique
du Portion

Plafond des Modillons
du Lacunaire.

Attique de l'Arc de Septime Sévère
à Rome.

Du Grand Arc
de Constantin à Rome.

Du Grand Arc
de Septime Sévère à Rome.

Des Petits Arcs
de Septime Sévère.

Plafond des Modillons
de l'imposte.

Des petits Arcs
de Constantin.

DE LA DIMINUTION DES COLONNES,
de la proportion des Entablemens et de celle des Frontons.

Proportion du fronton suivant Vitruve.

Tympan.

Proportion des Entablemens en raison de la hauteur des Colonnes.

Proportion du fronton suivant Scrlio.

Tympan.

autre manière de diminuer les Colonnes.

diminution des Colonnes de l'intérieur du Panthéon à Rome.

De la diminution des Colonnes en raison de leur hauteur depuis 15 Pieds jusqu'à 60.

Profil de l'annelure et de la plate bande.

Plan des Cannelures des Colonnes de l'intérieur du Panthéon.

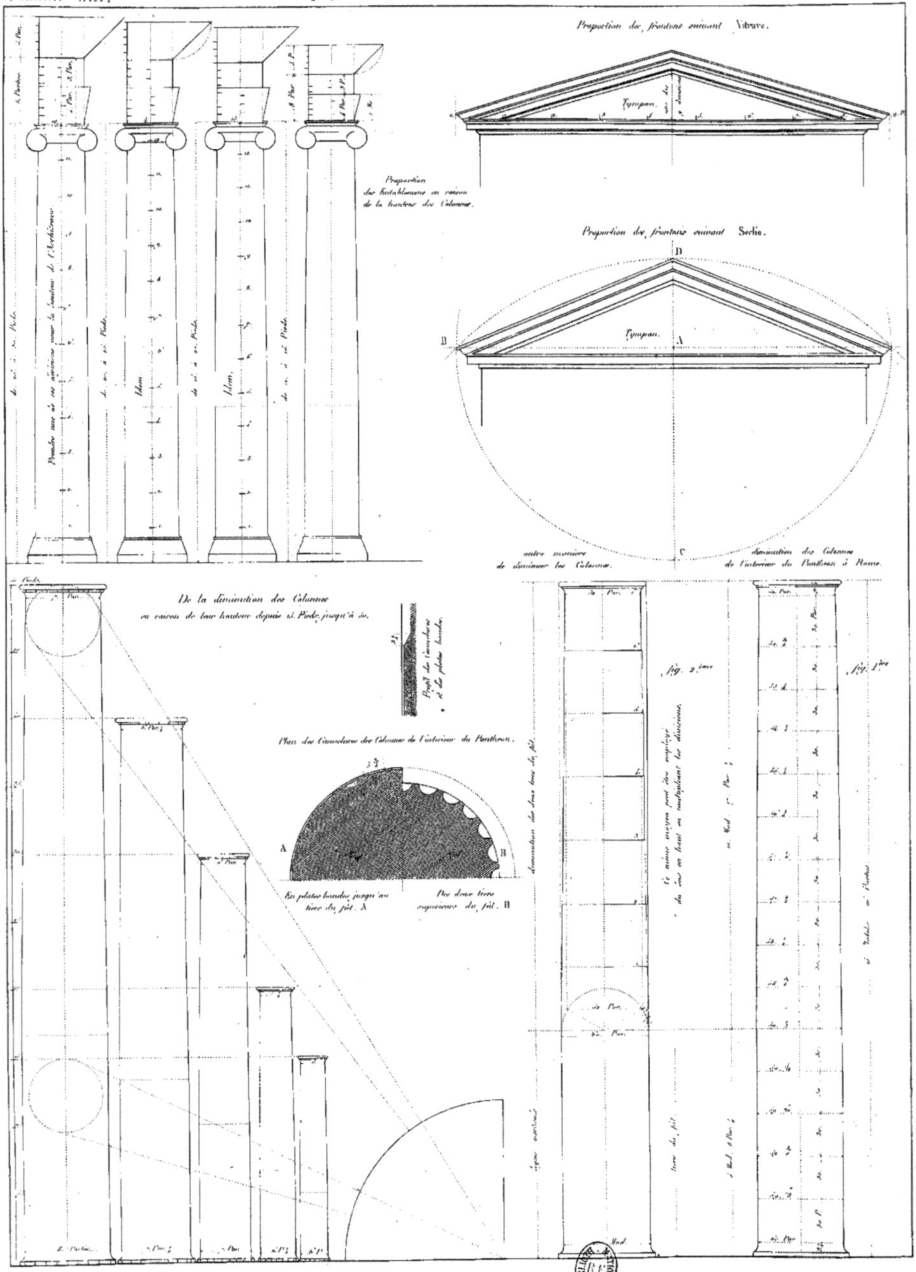

En pilastre biseau jusqu'au tiers du fût. A

Des deux tiers supérieurs du fût. B

Fig. 2.me

Fig. 1.re

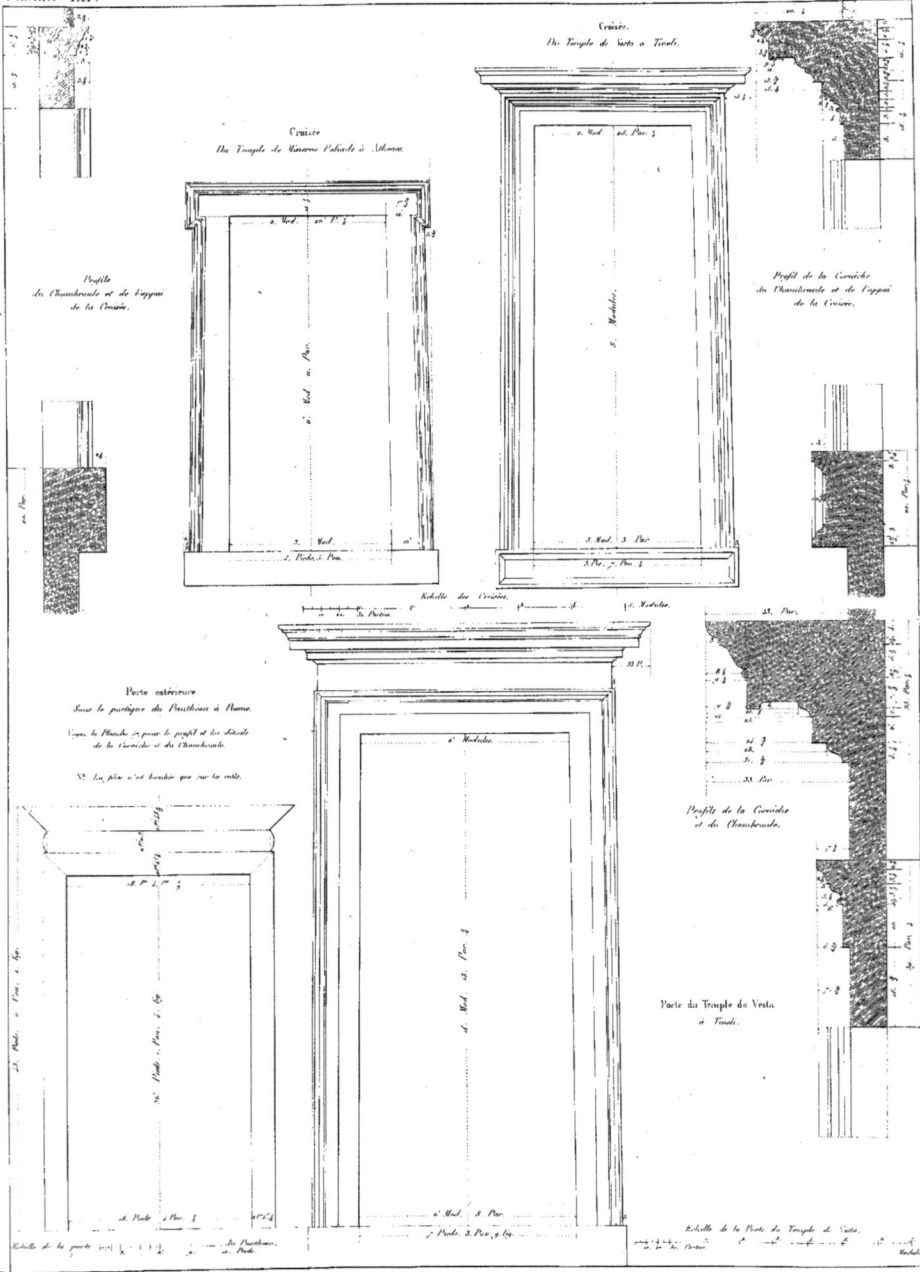

Croisée.
Du Temple de Vesta à Tivoli.

Croisée.
Du Temple de Minerve Poliade à Athènes.

Profils
du Chambranle et de l'appui
de la Croisée.

Profil de la Corniche
du Chambranle et de l'appui
de la Croisée.

Echelle des Croisées.

Porte extérieure
Sous le portique du Panthéon à Rome.

Voyez la Planche 59 pour le profil et les détails
de la Corniche et du Chambranle.

N.b. La pièce n'est bombée que sur les côtés.

Profils de la Corniche
et du Chambranle.

Porte du Temple de Vesta
à Tivoli.

Echelle de la porte.

Echelle de la Porte du Temple de Vesta.

PORTES
de J. Barrozzio de Vignole.

de St Laurent in Damaso.

du Palais Farnèse.

Échelle commune aux deux Portes.

SOFFITES D'ARCHITRAVES.
d'après les monumens antiques de Rome.

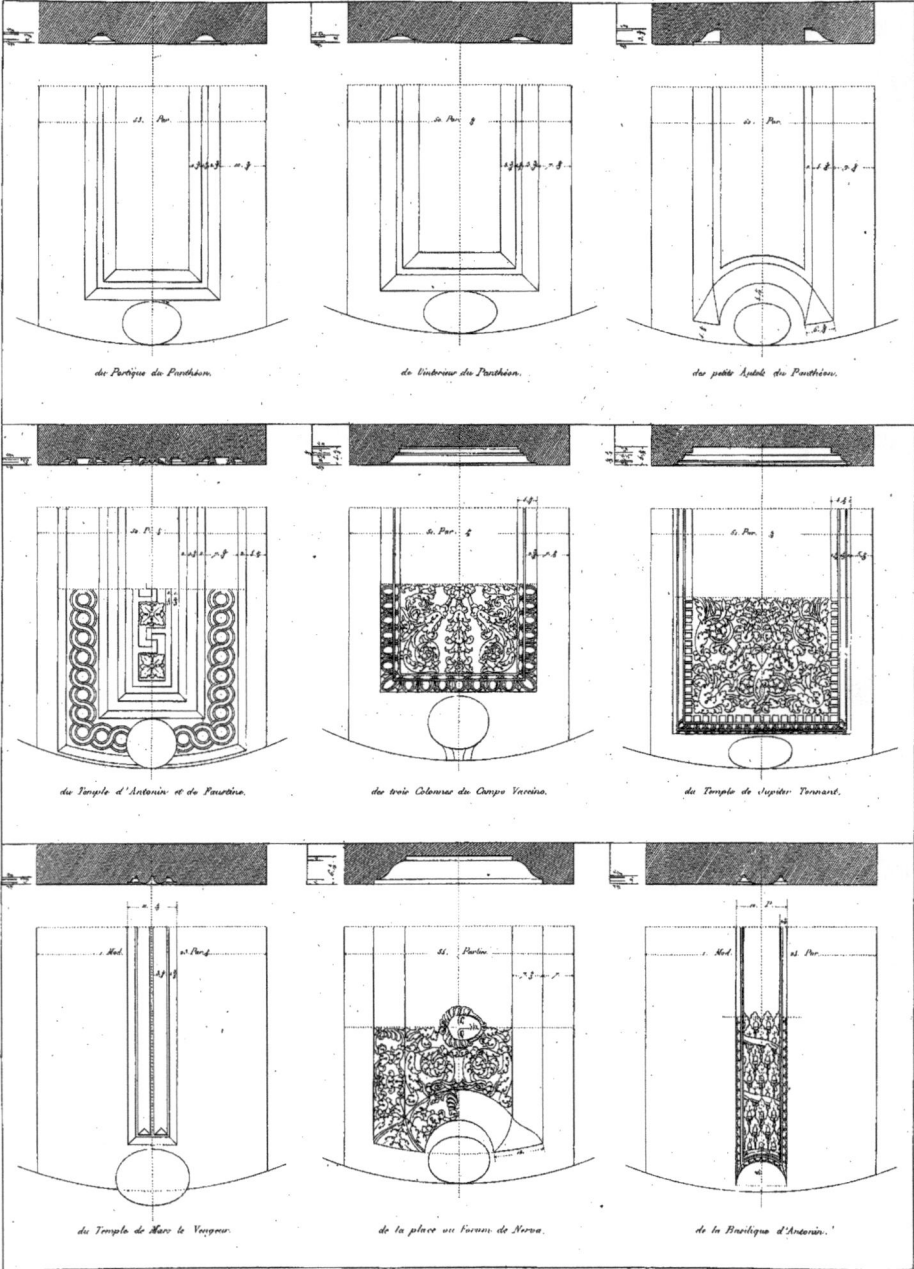

du Portique du Panthéon.

de l'intérieur du Panthéon.

des petits Autels du Panthéon.

du Temple d'Antonin et de Faustine.

des trois Colonnes du Campo Vaccino.

du Temple de Jupiter Tonnant.

du Temple de Mars le Vengeur.

de la place ou Forum de Nerva.

de la Basilique d'Antonin.

Cymaises, Doucines ou Gueules.

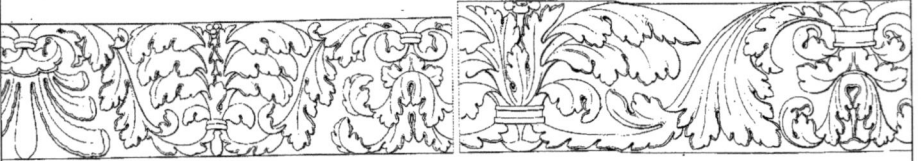

Cymaise et Cavet.

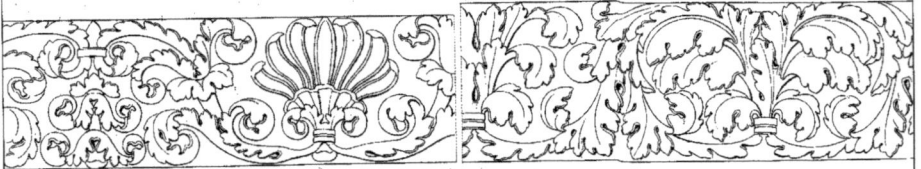

Oves.

Cavets Talons et Cymaises renversées.

Cymaises.

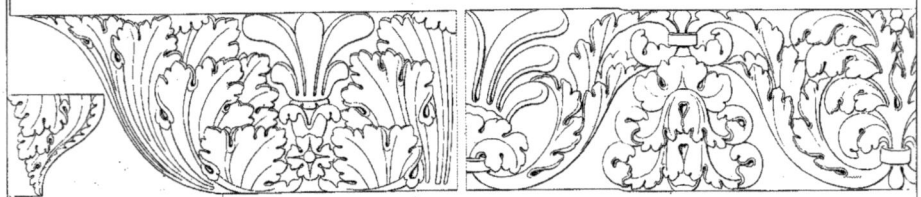

à Fleur de Cœur et feuille d'eau.   Talons taillés d'Ornemens   à feuille d'Acanthe et de Persil.

Taillés de Trefilles, d'Aiguettes ou   variés de quinze manières.   d'Arceaux avec Fleurons Rose et Palmettes.

Baguette et Astragales.

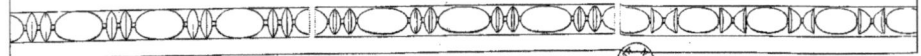